# *Os Adolescentes*

Biblioteca "PSICOLOGIA E PSIQUIATRIA" – 68

IBRASA

LIVROS QUE CONSTROEM

CIP-Brasil. Catalogação-na-Publicação
Câmara Brasileira do Livro, SP

M575a

Mielnik, Isaac, 1920-
Os adolescentes : conceito, dinâmica e orientação do adolescente / Isaac Mielnik. -- São Paulo : IBRASA, 1984.
(Biblioteca psicologia e psiquiatria ; 68)

1. Adolescência 2. Adolescentes - Uso de drogas 3. Pais e filhos 4. Psicologia do adolescente 5. Psicopatologia do adolescente 6. Vida familiar - Educação I. Título.

CDD-155.5
-155.418
-157
-362.78293
-649.125

84-0255

Índices para catálogo sistemático:

1. Adolescência : Psicologia 155.5
2. Adolescentes : Educação doméstica 649.125
3. Adolescentes : Psicopatologia 157
4. Adolescentes : Relações familiares : Psicologia 155.418
5. Pais e filhos : Orientação do adolescente : Psicologia 155.418
6. Psicologia do adolescente 155.5
7. Tóxicos e adolescentes : Bem-estar social 362.78293

# OS ADOLESCENTES

## Conceito, Dinâmica e Orientação do Adolescente

ISAAC MIELNIK

IBRASA
*INSTITUIÇÃO BRASILEIRA DE DIFUSÃO CULTURAL S.A.*
SÃO PAULO

IBRASA

INSTITUIÇÃO BRASILEIRA DE DIFUSÃO CULTURAL LTDA.

Rua. Treze de Maio, 446 - Bela Vista
01327-000 - São Paulo - SP



*Capa de*
NELSON MIELNIK

2010

IMPRESSO NO BRASIL – PRINTED IN BRAZIL

# SUMÁRIO

CAPÍTULO 1

# ADOLESCÊNCIA



## 1. *Três observações*

Considerando-se a figura e personalidade dos adolescentes, o que nos chama a atenção, inicialmente, é o fato observável de não se tratar de um grupo homogêneo. Muito pelo contrário, cada jovem se distingue, nitidamente, do outro; cada qual com suas características e personalidade próprias. Entretanto, mesmo nessa falta de homogeneidade, é evidente que o adolescente não se confunde nem com a criança, nem com o adulto. Em segundo lugar, podemos notar um fenômeno especial, característico da nossa civilização moderna e que consiste no "prolongamento do período da adolescência". Realmente, a partir das décadas de 30, 40 e até hoje, o adolescente passa muito mais tempo nessa fase, do que acontecia por volta dos fins do século passado, quando o trabalho coagia, solicitava e ocupava as crianças desde seus 10 a 12 anos de idade.

Hoje percebemos que nesse período protraído da adolescência vários fenômenos são aparentes: 1. prolongamento da educação com mais anos de estudo para a formação profissional; 2. adiamento mais acentuado das responsabilidades maritais, o casamento sucedendo bem mais tarde; 3. adiamento do início do trabalho profissional, com as atuais exigências de experiência e estágios probatórios; 4. liberação da atividade sexual, sem a exigência de casamento para seu exercício; 5. razões de ordem política que levam os governos à intenção de preparar melhor os adolescentes na orientação política estatal; e 6. por razões familiares, para haver mais tempo na transmissão de valôres e ideais tradicionais ao ambiente familiar, escolar e da comunidade.

Ainda um terceiro ponto de interesse no conceito do adolescente poderia ser indicado pela rapidez, variabilidade e dimensões do seu crescimento e desenvolvimento não só físico, como também psíquico e social. Trata-se de uma fase crítica e tormentosa, agitada e frenética, enfim, que é ao mesmo tempo terna e melancólica, solitária e intensamente social, excitada e deprimida, e que se situa entre a infância e meninice que se abandona e o porto longínquo, inseguro e mal visualizado da idade adulta que se almeja como objetivo.

A adolescência se delimita, essencialmente, por seu caráter "pendular", com alterações e transições rápidas, altos e baixos, ambivalências, dilemas e indecisões de tal importância e violência que alguns autores já consideram esse período como "um distúrbio mental transitório e necessário", "uma esquizofrenia própria do adolescente". A conduta dos jovens é totalmente imprevisível, estando sempre em mudança. É instável, enganadora e transitória. Sua verdadeira significação pode iludir, ocasionalmente, o mais arguto pesquisador. Esse comportamento pesa sobre o ambiente familiar e a comunidade que, freqüentemente, não chegam à compreensão do seu verdadeiro sentido. Em conseqüência, observamos nos adultos uma reação emocional, constante de julgamentos precipitados a respeito dos jovens, como, por exemplo, o receio de uma psicose ou personalidade delinqüente, quando na verdade se trata de um distúrbio passageiro do qual o adolescente emergirá intato e com a saúde mental íntegra.

Por outro lado, recebemos pais de um adolescente mentalmente doente, e que se estão iludindo, desacreditando na capacidade do psiquiatra. Ficam insistindo que seu filho é normal, que se trata de sintomas corriqueiros, "artes de adolescente" e que o jovem vai melhorar com o passar do tempo. A opção entre o que pode ser considerado como um temor infundado dos pais com relação à sanidade mental do adolescente e a presença de um verdadeiro distúrbio mental patológico é de enorme responsabilidade do psiquiatra, devendo cada caso ser minuciosa e prolongadamente estudado. Qualquer decisão precipitada ou superficial pode prejudicar e lesar o jovem, bem como o grupo familiar a que pertence.

## 2. *Estágios da adolescência*

Como sabemos, a adolescência compreende um período de transição da meninice à fase adulta, durante o qual os jovens devem apreender novamente a imposição de seus corpos, a utilização dos mesmos, a adaptação às necessidades e, finalmente, a exposição de si mesmos aos olhos dos outros. Misto de alterações profundas, tanto físicas como psicossociais, é na adolescência que se acentua a consciência que o indivíduo adquire de sua própria personalidade física, psíquica e social. Importante também é considerar o desenvolvimento e crescimento sexual, mais dramáticos e significativos do que o restante do corpo.

No VI Congresso Internacional de Psiquiatria Infantil e Especialidades Afins, de Edimburgo, em 1967, SCHOENFELD, de Nova York, apoiado por DUCHÉ e TOMKIEWICS, de Paris, apresentou e defendeu a adoção de uma definição universal, embora reconhecendo não ser a adolescência nem um período homogêneo, nem um acidente biológico, e sim um processo evolutivo que se inicia com as primeiras modificações endócrinas e termina quando o desenvolvimento físico e sexual está completamente amadurecido.

Esses autores propuseram a divisão do período da adolescência, para melhor compreensão, em três estágios:

1 – PRÉ-ADOLESCÊNCIA OU PRÉ-PUBESCÊNCIA, que se inicia com os primeiros sinais de amadurecimento sexual e termina com o aparecimento dos pêlos púbicos.

2 – PUBESCÊNCIA ou ADOLESCÊNCIA PROPRIAMENTE DITA, que termina com os pêlos completamente desenvolvidos; e

3 – PÓS-ADOLESCÊNCIA, caracterizada pela parada gradual do crescimento, amadurecimento dos caracteres sexuais primários (órgãos genitais e anexos), secundários (voz, pêlos, forma do corpo, etc.) e a fertilidade.

Não devemos esquecer que o desenvolvimento do adolescente se faz simultaneamente em vários setores: somático, sexual, psíquico e pessoal, cada um desses setores exigindo transformações e adaptações importantes e difíceis para os jovens.

Na pré-adolescência, encontramos um aumento indiscriminado da atividade impulsiva que se estende a todas as facetas da sexualidade, caracterizando o despertar das funções vitais. O pré-adolescente se mostra subitamente mais voraz, ávido, sujo, egoísta e curioso; concomitantemente, surge a sexualidade genital. Na pré-adolescência mobilizam-se as forças defensivas para dominar os impulsos. Posteriormente, mudam as atitudes perante a família, cujos componentes deixam de ser objetos sexuais.

Apesar de TANNER, de Londres, considerar de pouco interesse a fixação de uma idade cronológica para início da adolescência, acreditamos importante marcar os 10 ou 11 anos para o deflagrar de modificações profundas e com a tônica da adolescência, que é a de serem variáveis para mais e para menos com a individualidade dos jovens, sendo sua oscilação imprevista a principal característica das modificações.

### 3. *Desenvolvimento*

O termo "desenvolvimento" deve ser definido para não se confundir com "crescimento". Por *desenvolvimento* significamos um processo evolutivo de amadurecimento progressivo, de maturação (isto é, diferenciação, complicação gradativa), seja orgânica ou funcional. Por *crescimento* designa-se, geralmente, o aumento natural em tamanho, pela multiplicação celular e aumento da substância intercelular. (NELSON).

Na fase da adolescência, encontramos crescimento e desenvolvimento processando-se conjuntamente, demonstrando dessa forma a complexidade orgânica e funcional do corpo que cresce e se desenvolve harmonicamente, como uma entidade integral.

Não se pode, por outro lado, de uma forma geral, separar nitidamente o desenvolvimento dos vários setores: mental, intelectual, emocional e social, embora possa haver em certos casos características causadas por *deficits* neste ou naquele setor determinado.

A fase da adolescência (que se considera compreendida entre a infância e o estado de adulto) representa para a criança um período de luta, de aprimoramento não só físico como psicológico. Nesta fase aproxima-se o indivíduo do objetivo primordial da vida humana: *a integração social no grupo.*

Estudando assim a adolescência como uma fase de transição, de *desenvolvimento*, julgamos aproximar-nos bem mais da atitude que se deve assumir para melhor compreender e orientar o adolescente.

Nesse período de sensibilidades superexcitadas, de momentos de euforia e de desespero, de momentos em que tudo nos parece tão simples e ao mesmo tempo impiedoso e esmagador, é que o indivíduo necessita de mais apoio, carinho e compreensão.

Esse é também um período delicado na formação moral e ética do indivíduo: além dos perigos físicos, das moléstias, além dos conflitos mentais e emocionais, existem os perigos da delinqüência, da perversão e do desajustamento.

No percurso do nascimento à incorporação no grupo social adulto, o homem atravessa várias fases, sendo a adolescência uma das mais marcantes e decisivas para seu desenvolvimento.

Da infância à puberdade, a criança acumula grande quantidade de informações, conceitos, idéias e imagens, que se constituem numa reserva de lógica e conhecimentos. Chegado à puberdade, o indivíduo vê-se ante o problema de utilizar adequadamente o material que reuniu. Isto causa a indecisão, manifesta pela falta de maturidade que caracteriza o adolescente.

Nessa fase a procura de ajustamento e a necessidade de maturidade tornam-se urgentes, e é dessa forma que devemos compreender o que designamos pelo nome de "desenvolvimento"; a evolução do amadurecimento do indivíduo, objetivando alcançar a finalidade existente desde o início: a noção de responsabilidade, o equilíbrio das atitudes e a integração razoável no grupo social.

O processo de desenvolvimento deve ser considerado contínuo, evoluindo de acordo com os padrões pessoais, próprios de cada indivíduo. (GESELL, ILG e AMES).

Sendo o desenvolvimento um processo de maturação, é claro que as diferentes partes de nosso organismo terão uma freqüência de desenvolvimento diferente, amadurecendo primeiro aqueles órgãos que forem mais necessários à sobrevivência e adaptação do indivíduo.

Quando nasce, a criança necessita quase imediatamente de todos os órgãos e estes, realmente, encontram-se em condições de utilização. O sistema nervoso, por exemplo, é um dos setores que primeiro amadurecem, pondo-se a serviço do organismo. Aos 2 anos, praticamente, o sistema nervoso está maduro. Não devemos confundir o sistema nervoso (órgãos, tecidos e células), com as funções intelectuais e emoções que formam a conduta humana e que levam mais tempo em sua maturação. (ELLIS).

Os órgãos sexuais (testículos e ovários) não se tornam maduros senão bem mais tarde (10-13 anos de idade), quando sua função se torna necessária dentro das linhas de evolução biológica.

Existem, portanto, dentro do desenvolvimento, freqüências diferentes para os diferentes órgãos, não sendo o desenvolvimento uniforme, nem simultâneo. Não está sujeito à influência de *acelerações* ou *retardamentos*, o que vem apenas acentuar seu caráter exclusivo.

Estará, pois, incorrendo em erro aquele que pretende modificar o *ritmo do desenvolvimento* (não do crescimento, que pode ser alterado), ignorando sua identificação com o tipo de personalidade. As tentativas feitas por pais ou professores, com a intenção de influir no desenvolvimento da criança, desejando ensiná-la ou dar-lhe prática antes que tenha alcançado o grau de desenvolvimento necessário, são, portanto, condenáveis. Além de sua inutilidade, ainda se refletem sobre os pais ou educadores, frustrando-os em suas expectativas e criando uma atmosfera de desapontamento com relação à criança.

É preciso compreender que a interferência precipitada, seja dos pais, seja dos professores, para apressar o processo de desenvolvimento, influirá também sobre a própria criança, tornando-a ansiosa, frustrada e com sentimentos de inferioridade e insuficiência.

Geralmente, são os desejos de ver a criança desenvolver-se mais rapidamente, de que sua inteligência se torne mais brilhante e um sentimento de orgulhosa competição (especialmente entre as mães), que levam os progenitores a procurar *acelerar o desenvolvimento* normal da criança ou adolescente.

Para o professor, quase sempre é o espírito de emulação entre as crianças que faz com que se dedique particularmente a determinado aluno, na secreta esperança de vê-lo brilhar nos exames e assim, indiretamente, conquistar maior satisfação no seu próprio trabalho. A intenção poderá ser louvável; os resultados, entretanto, são contraproducentes: o adolescente começa a emagrecer, perder o sono, torna-se irritadiço, assustado. Sente, muitas vezes, vertigens e ondas de calor e frio alternados. Sua ansiedade o traz constantemente em guarda, à espreita do possível concorrente.

Como se vê, nada está contribuindo para a higiene mental desse adolescente, pelo contrário, estamos transformando-o num indivíduo desajustado e em perigo de se neurotizar.

Tais problemas de conduta dos adultos, sérios como são na infância, tornam-se muito mais graves na puberdade e adolescência.

*Retardar o desenvolvimento* representa, muitas vezes, uma situação criada pelos pais (especialmente pelas mães), em que se procura conservar o adolescente por mais tempo dependente, em suas emoções e sentimentos, dos pais.

Muitas vezes, os pais insistem que a criança já no limiar da adolescência, em plena puberdade, continue a comportar-se exatamente como se comportou até então, como criança. A luta entre esse *retardamento* imposto pelos pais e o anseio de liberdade e independência acarretadas pelo crescimento e maturação do indivíduo constitui uma das crises agudas que o adolescente atravessa.

## 4. *Crescimento*

O início da adolescência recebe habitualmente o nome de *puberdade*. Compreende, geralmente, o período dos 10 aos 13 anos de idade. A adolescência propriamente dita abrange um período posterior de aproximadamente 10 anos, com as possíveis variações individuais.

O crescimento físico caracteriza a adolescência. Segundo BAKWIN e BAKWIN, esse crescimento em altura é, inicialmente, até os 11 anos, o mesmo para meninos e meninas. A partir dessa idade, as meninas crescem mais que os meninos até os 15 anos de idade, que é quando os meninos as alcançam e ultrapassam.

O crescimento sendo rápido e coincidindo com a maturação sexual, surgem *diferenças no formato do corpo* nos meninos e meninas. Tais diferenças, embora sejam novamente estudadas em outro parágrafo, consistem, de um modo geral, no fato de certas partes do corpo apresentarem um crescimento diferente, umas crescendo mais do que outras.

Assim é que as extremidades crescem mais do que o tronco, conferindo ao adolescente braços e pernas alongadas, que lhe dão o característico aspecto de "boneco". O adolescente se torna desengonçado, não sabe o que fazer com as mãos, está sempre tropeçando nos pés, circunstância que contribui para irritar os adultos que já *aprenderam* a andar com elegância.

Esses braços longos demais, esses pés sempre trançados, essa situação toda, contribui para aborrecer o adolescente, para inferiorizá-lo, frustrá-lo, refletindo-se no seu ajustamento social.

Ao mesmo tempo, modifica-se o formato do tronco: os quadris se arredondam e alargam na mocinha; o tórax se alarga e os quadris afinam no rapaz. Ficam assim definidas as linhas clássicas: feminina, um triângulo de base inferior; masculina, um triângulo de base superior.

Moças e rapazes costumam aborrecer-se com sua *altura* física: os rapazes desejam ser altos e as moças preocupam-se quando são alguns centímetros mais altas que a média. Não é infreqüente que se vejam moças com postura defeituosa, encurvadas, somente porque seus amiguinhos são mais baixos que elas.

Os rapazes mais baixos encontram dificuldades em ser aceitos na prática do esporte e posições dominantes nos jogos.

Quanto ao *peso*, seu aumento na adolescência se faz, principalmente, à custa de músculos e esqueleto. Segundo, ainda, BAKWIN e BAKWIN, os músculos da criança de 8 anos de idade correspondem a 27% da massa corporal; aos 16 anos a correspondência é de 44% do peso total. O coração duplica o peso, porém as outras vísceras crescem muito menos que os músculos. Os órgãos genitais crescem rapidamente. O sistema nervoso cresce muito pouco.

Há, também, uma tendência ao acúmulo de gordura, especialmente nas mocinhas e menos nos meninos.

O *crescimento* é influenciado por vários *fatores*, que mencionaremos:

1. herança,
2. regime alimentar,
3. postura,
4. defeitos físicos,
5. moléstias,
6. fatores hormonais.

1. *Herança.* Embora tenha sido acirrada a luta entre os defensores da hereditariedade e os que acreditam na influência exclusiva do ambiente, não há mais dúvida, atualmente, de que certos fatores hereditários intervêm no crescimento.

Como regra geral, há uma tendência ao aumento de estatura, os filhos sendo mais altos que os pais.

Outros traços hereditários intervêm no crescimento, como a ossatura geral do corpo, o formato da face, do mento e do nariz, o formato dos dedos, etc.

Em muitos casos, os caracteres hereditários do crescimento permanecem latentes durante a infância, para surgirem à tona durante a puberdade, acompanhando os processos gerais de desenvolvimento.

2. *Regime alimentar.* A dieta influi no crescimento, determinando distúrbios, quando faltam elementos indispensáveis aos ossos: vitaminas A e D, sol, vitamina C, cálcio e fósforo. Às deformações esqueléticas determinadas pela falta ou desequilíbrio desses elementos no organismo chama-se *raquitismo.*

Igualmente, a dieta equilibrada influi no desenvolvimento mental. Sabemos que os jovens subnutridos, que não recebem alimentação adequada, não se desenvolvem normalmente. Há uma repercussão no desenvolvimento intelectual, que não se deve ignorar nessa fase de crescimento rápido.

3. *Postura.* A boa postura contribui grandemente para o crescimento normal. A postura defeituosa, determinando maior tensão nos ligamentos e curvaturas normais ósseas, prejudica o crescimento.

4. *Defeitos físicos.* Podem contribuir para deficiência no crescimento e nos centros de ossificação.

5. *Moléstias.* As moléstias, como a coqueluche, sarampo, parotidite (caxumba), podem, temporariamente, prejudicar o bom crescimento. Quase sempre a moléstia é superada e o crescimento continua.

6. *Fatores hormonais.* Os hormônios são secretados por glândulas do nosso organismo, ditas *endócrinas.* As principais glândulas endócrinas são: a pineal, a hipófise, a tiróide e paratiróides, as supra-renais, o pâncreas e as gônadas (glândulas sexuais masculinas e femininas: testículos e ovários).

## 5. *Maturação hormonal*

As glândulas do organismo que secretam seu produto internamente são designadas pelo nome de *endócrinas.* O produto de secreção recebe o nome geral de *hormônio.*

Na puberdade e adolescência, as modificações de desenvolvimento e crescimento físico correm por conta dos hormônios.

As glândulas endócrinas que mais nos interessam são a *parte ou lobo anterior da hipófise* (órgão situado na base do cérebro) e as *gônadas* (glândulas sexuais masculinas: *testículos*, e as femininas: *ovários*).

O lobo anterior da hipófise secreta vários hormônios importantes que vão regular o bom funcionamento da tireóide, gônada, córtex da supra-renal e outras. Segundo DORLAND, a hipófise (constituída de três partes: o lobo anterior, o posterior e a parte intermediária) secreta pelo seu lobo anterior:

hormônios do crescimento,
hormônio pancreotrópico,
paratireotrópico,
adrenotrópico,
tireotrópico,
ketogênico,
diabetogênico,
lactogênico,
gonadotrópico.

Para nós, têm interesse especial os hormônios do crescimento e os gonadotrópicos.

Os hormônios do crescimento provêm o crescimento físico do indivíduo e o estimulam para que se faça de forma normal. A falta de sua secreção acarreta o *nanismo* (pequena estatura) hipofisário. O excesso de hormônios de crescimento provoca o *gigantismo*, isto é, o crescimento exagerado.

Os hormônios do crescimento, também chamados *somatotrópicos*, foram isolados por EVANS e LONG em 1921 e preparados em estado quase puro por COLLIP, THOMSON e SELYE.

Segundo GONZALEZ, os hormônios *somatotrópicos* predominam no período do crescimento e os hormônios *gonadotrópicos* (hormônios sexuais) aparecem na puberdade. Haveria, então, uma diminuição lenta dos hormônios do crescimento, enquanto aumentariam os gonadotrópicos para regerem a vida sexual do indivíduo.

Há uma espécie de inibição dos hormônios de crescimento, exercida pelos hormônios dos órgãos sexuais. O crescimento cessaria aos poucos, depois de iniciada a maturação sexual. Nos castrados observa-se um excesso de crescimento. Os hormônios ovarianos e testiculares inibiram os hormônios somatotrópicos, cessando, então, o crescimento. Se as gônadas não conseguissem inibir o crescimento, este continuaria até o corpo assumir as proporções dos eunucos. Por outro lado, o funcionamento prematuro das gônadas intervém no crescimento, inibindo-o.

Os hormônios gonadotrópicos agem especialmente sobre as glândulas sexuais, determinando crescimento e maturação normais. Continuam seu efeito por todo o tempo da vida reprodutiva do indivíduo. Afirma ainda GONZALEZ, que a natureza íntima do fenômeno biológico não é ainda conhecida, mas está provado que os hormônios gonadotrópicos agem na menina, provocando o crescimento e a maturação dos folículos do ovário, produtores do *hormônio ovariano ou folicular,* que determina alterações no útero e orienta o ciclo menstrual.

No menino, os hormônios gonadotrópicos agem estimulando a espermatogênese (produção de espermatozóides ou células sexuais masculinas) e o desenvolvimento do tecido intersticial no testículo.

Os hormônios masculinos e femininos das glândulas sexuais ou gônadas são responsáveis pelos caracteres sexuais secundários.

## *6. Características sexuais*

O desenvolvimento e maturação das glândulas sexuais ou gônadas determina o aparecimento nos meninos e meninas de certas alterações físicas, que recebem o nome de *características sexuais secundárias* e que representam concretamente o funcionamento das glândulas sexuais.

Elas indicam que os hormônios dos testículos e dos ovários estão agindo no organismo, ao lado de outros hormônios, como os da supra-renal, por exemplo.

São alterações que se iniciam na puberdade, continuam na adolescência e constituem a indicação segura da maturação sexual do indivíduo (WATSON e LOWREY). Ao lado dessas alterações físicas, existem também modificações psíquicas, que estudaremos no capítulo 7. O Adolescente e a Sexualidade.

*Nos Meninos*

Encontramos as seguintes características sexuais determinadas pelos:

1. *hormônios sexuais*. Vascularização precoce do pênis e escroto; aumento do tamanho da próstata. Aumento do tamanho do pênis. Aumento da laringe, com abaixamento de uma oitava da voz. Maior secreção das glândulas sebáceas. Crescimento do tórax e músculos da nuca, afinamento dos quadris. Surgem a ereção e as emissões seminais.

2. *hormônios da supra-renal*. Pêlos púbicos e axilares. Modificação da linha dos cabelos. Aparecimento de barba e bigodes.

O crescimento dos órgãos sexuais dos meninos depende da vascularização, isto é, do maior afluxo de sangue ao pênis e à bolsa escrotal; da mesma forma o crescimento da glândula prostática.

A *mudança de voz* é considerada uma das características da adolescência. A voz masculina torna-se mais grave, desce perto de uma oitava. Sua alteração não é súbita, fazendo-se aos poucos. A voz "fina" do menino passa à voz grave do adulto, com gradações, às vezes aborrecedoras para o jovem, tornando-o objeto de mofa de seus companheiros. Os pais devem acautelar-se de ridicularizar o jovem quando estiver em período de mudança de voz.

A alteração da tonalidade da voz, imprevista e inoportuna, traz ao adolescente uma sensação de irritação e ridículo, cabendo aos pais esforçarem-se no sentido de melhorar as condições psicológicas do ambiente familiar e manter relações afetuosas e compreensivas para com o jovem.

Essa atitude dos pais será lembrada pelo menino, agradecido por essas atenções e compreensão.

O tórax e os músculos da nuca crescem, determinando a forma característica da figura masculina, um triângulo de base superior: tórax largo e quadris finos.

Surge a *ereção*, isto é, a capacidade de tumefação dos tecidos cavernosos do pênis, e as *emissões seminais* começam a aparecer. O rapazinho torna-se capaz de ejaculação. Quando esta se faz involuntariamente, à noite, durante o sono (por efeito de excitação erótica em sonhos), falamos em *polução* (emissão noturna).

Os *pêlos* representam a atividade de hormônios da supra-renal. Aparecem nos *rapazinhos* como uma leve penugem nos cantos do lábio superior. Só depois de algum tempo é que surgem os pêlos típicos dos bigodes. Os pêlos da face somente aparecem muito mais tarde. A linha do cabelo, que era arredondada e ininterrupta como nas meninas, torna-se diferente, com duas entradas nas têmporas, embora isto não seja apenas próprio dos homens. E, ocasionalmente, encontramos também em homens normais uma linha curva de cabelo. A atividade sebácea da pele aumenta, causando, ocasionalmente, a acne (veja "Moléstias do Adolescente").

*Nas Meninas*

São as seguintes as características sexuais secundárias femininas:

1. devidas aos *hormônios sexuais*: Aumento dos mamilos e das aréolas (zonas pigmentadas perimamilares). Crescimento e arredondamento dos seios, crescimento do útero, vagina, vulva, lábios menores e maiores e trompas. Menstruação. A voz fica mais suave. O corpo assume forma feminina: tórax menor, quadris mais largos, pela deposição de gordura nessa região.
2. devidas aos *hormônios da supra-renal*: Pêlos púbicos e axilares.

O fenômeno central nas características sexuais secundárias na menina é representado pela perda mensal de certa quantidade de sangue, a *menstruação*. Há uma grande oscilação em torno da idade em que começa a menstruação. Desde já pode-se afirmar que não depende do clima, não se iniciando mais cedo nos climas tropicais, nem mais tarde nos frios. A menstruação significa a maturação dos ovários e a produção de folículos que serão os óvulos. O útero torna-se vascularizado, enche a parede interna (ou mucosa uterina) de sangue, tudo em preparo e antecipação de uma possível fecundação do óvulo por um espermatozóide e conseqüente gravidez. Como isto não acontece, o óvulo degenera e se desintegra, sucedendo o mesmo à parede interna do útero (mucosa uterina). Há eliminação de restos da parede uterina, sangue e outros elementos de desintegração. O fenômeno constitui a *menstruação*, sucede mensalmente e dura em média de *3* a *5* dias. Há meninas que desde o início apresentam menstruação regular (vindo cada mês na mesma data, aproximadamente); em outras, o ciclo é irregular por muitos meses ou anos.

A menstruação é influenciada por um regime de boa alimentação, ambiente psicológico favorável, exercícios físicos, funcionamento da glândula tiróide e estado de saúde física satisfatória.

Os *pêlos púbicos nas meninas* aparecem logo depois que os seios se arredondam e avolumam. Dispõem-se em triângulo de base superior, ao contrário dos pêlos púbicos masculinos, que apresentam distribuição irregular. Essa distribuição dos pêlos púbicos é importante e informa sobre o bom funcionamento dos hormônios sexuais e gonadotrópicos. A secreção das glândulas sudoríparas axilares se torna mais ativa e a transpiração adquire odor peculiar e ativo não percebido antes da puberdade.

Todas essas alterações, tanto nos meninos como nas meninas, são dependentes de bom funcionamento das gônadas ou glândulas sexuais: os testículos e os ovários. Quando essas gônadas têm funcionamento deficiente, por falta de estímulo dos hormônios gonadotrópicos que já estudamos, as características sexuais secundárias não se desenvolvem ou se desenvolvem muito pouco. Por outro lado, quando os hormônios gonadotrópicos se encontram em excesso, as gônadas entram em atividade antes do tempo e o desenvolvimento sexual é precoce.

As deficiências no funcionamento das gônadas determinam alterações no desenvolvimento dos órgãos genitais nos meninos ou dos seios e irregularidades menstruais nas meninas, que têm repercussão psicológica importante que estudaremos melhor em outro ponto deste capítulo.

## 7. *Moléstias do adolescente*

Sendo a adolescência um período de crescimento e desenvolvimento especiais, em maior grau em determinados setores da economia orgânica do que noutros, é possível delinear a existência de certas moléstias que ocorrem com maior freqüência nessa idade, o que justificaria chamá-las de *moléstias próprias à adolescência.* Podem ocorrer em qualquer outra idade. Entretanto, o fato de surgirem quase sempre na adolescência levou os especialistas a associá-las a essa fase particular do desenvolvimento humano.

Deveremos abordá-las com espírito de síntese, uma vez que não é nosso intuito apresentar a descrição completa da patologia da adolescência. Apenas desejamos fornecer aos interessados base para melhor compreensão dos problemas do adolescente. E para isso torna-se obrigatório discorrer, ainda que de maneira superficial, sobre as principais moléstias, pois *têm todas elas repercussão sobre a formação psicológica do adolescente*, nessa fase tão delicada e perigosa da vida.

As moléstias orgânicas mais freqüentes na adolescência são:

Acne juvenil,
Obesidade,
Tuberculose,
Moléstias venéreas,
Tiróide,
Fadiga.

*Acne.* Segundo ALBRECHT a acne seria uma moléstia inflamatória crônica das glândulas sebáceas, caracterizada pela formação de cravos, pápulas no rosto, nuca e costas. Acredita-se tratar-se de ativação fisiológica do sistema pilo-sebáceo, coincidente com as alterações hormonais da puberdade.

A acne pode apresentar-se suave em alguns casos, grave e rebelde em outros.

Não é aconselhável tratar a moléstia com pouco caso, utilizando apenas o consolo de que "com o tempo isso passa".

A presença da acne pode acarretar aos jovens sentimentos de inferioridade, frustração, timidez e retraimento social, que os prejudicam em sua adaptação ao grupo.

WHEATLEY e HALLOCK dizem muito acertadamente que a acne pode provocar cicatrizes e deformidades psicológicas muito piores que as cutâneas.

A acne surge, infelizmente, numa época em que o jovem adolescente dá à aparência a maior importância, principalmente ao rosto. A face deformada por espinhas, furúnculos e cravos não pode ser considerada atraente. Causa reserva, retraimento e, muitas vezes, prejudica socialmente o jovem.

Os adolescentes preocupam-se demasiadamente com o aspecto pessoal e os que sofrem de acne podem ser levados ao desespero, tentando tratamentos por conta própria, os mais fantásticos e contra-indicados.

Existem casos de queimaduras faciais graves, com o uso de ácidos (nítrico ou sulfúrico), por adolescentes ansiosos por tentar "qualquer coisa" para melhorar o aspecto do rosto.

Pais e amigos poderão auxiliar imensamente o adolescente, se lhe explicarem alguns fatos sobre a acne:

1. *Trata-se de uma moléstia temporária.* Quanto menos torturada for a pele, com atos de espremer ou "tratar" as espinhas com líquidos, pomadas, etc., tanto maior a possibilidade de completa recuperação. Aliás, o ato de espremer os cravos poderia até ser interpretado como uma forma de agressividade dirigida contra o próprio indivíduo.
2. *Evitar, o mais possível, de tocar a face doente com as mãos.*
3. *Manter a pele sadia por meio de um regime alimentar equilibrado,* evitando excesso de doces, chocolate, gorduras, etc.
4. *Evitar rigorosamente o tratamento por conta própria,* recorrendo sempre ao especialista de pele, se possível com orientação de psiquiatra ou psicoterapeuta.

O problema mais premente é sempre o de aliviar a sensação de inferioridade, de insuficiência por parte do adolescente. O tratamento com pastas, pomadas, ungüentos e cremes, às vezes quando intempestivamente aplicados, ainda piora a situação.

Notamos também que muitos adolescentes ficam viciados em "mexer" na pele, coçar, espremer, unhar as crostas, cravos, ferimentos que surgem, assim libertando sentimentos inconscientes de agressividade recalcada.

No entanto, deixando-a sem tocar, a pele do adolescente se refaz, readquirindo seu aspecto anterior à moléstia.

Devemos combater no adolescente com acne a recusa de participar de atividades sociais ou de trabalho. É preciso restituir-lhe a confiança em si mesmo, fazê-lo dar menos importância às bolhas e cravos do rosto, convencê-lo de que, assim agindo, melhorará muito mais rapidamente.

Não devemos deixar que os jovens agridam a pele com tratamento e medicação próprios ou de conselhos leigos, aprendidos em seções de "beleza" (!) das revistas e dos jornais.

É de toda importância manter a confiança em si mesmos, manter-se ocupados em atividades sadias e que satisfaçam as necessidades psíquicas de prestígio, reconhecimento e aceitação no grupo dos jovens.

*Obesidade.* A obesidade representa excesso de deposição gordurosa no corpo, causada, ao que parece, por excesso de alimentação. Entretanto, evidentemente, essa seria apenas uma explicação geral da obesidade. Por trás dessa causa, estariam muitas outras.

A pessoa normal costuma satisfazer o apetite até o ponto em que a nutrição que recebe é adequada, ao passo que o desajustado *tem necessidade* de ingerir excesso de alimentos para sentir-se satisfeito. Essa necessidade pode ser de ordem psicológica, funcionando como sublimação de energias recalcadas, compensação para as frustrações sentidas em outros setores (sociais ou sexuais) da vida humana.

Hoje está aceito (CECIL) que as perturbações de glândulas endócrinas não causam diretamente obesidade, servindo apenas de fator predisponente para a moléstia. Esta seria sempre causada por uma absorção exagerada de calorias (alimentação excessiva).

O adolescente pode tornar-se obeso, por desconhecer as dietas adequadas com que deve alimentar-se. Poderá comer apenas alimentos excessivamente ricos em calorias, desprezando alimentos melhores e que não o engordariam tanto. Pode achar que os doces ou pudins não o engordam e privar-se das proteínas da carne ou do ovo, por exemplo.

Esses erros alimentares podem conduzir à obesidade. Em outros casos, o adolescente poderá sentir sempre mais fome, inconsciente de que a alimentação está sendo usada como substituto para a frustração, válvula de escape para problemas e conflitos emocionais. A obesidade constitui um óbice à boa adaptação social do adolescente: ele teme a ironia, a zombaria dos outros e torna-se retraído e anti-social.

O adolescente obeso tem necessidade de apoio e orientação. Quem o vê diariamente, poderá prestar-lhe essa ajuda, aconselhando-o e enviando-o ao médico, que lhe dará a assistência necessária.

*Tuberculose.* A tuberculose, moléstia social, ameaça particularmente o adolescente.

Especialmente, estão em perigo os jovens que estudam à noite e trabalham durante o dia. Com esta sobrecarga num período de desenvolvimento rápido e crescimento intenso, como é o da puberdade, o organismo torna-se mais sujeito à reinfecção tuberculosa. Para essa situação concorrem muito a fadiga e os excessos, tais como dormir tarde, praticar esportes excessivamente, alimentar-se mal e não tratar, adequadamente, as infecções respiratórias crônicas (faringites, laringites, bronquites, sinusites, resfriados, gripes, etc.).

A tuberculose pode ser prevenida mediante os cuidados habituais como: boa alimentação, repouso, ar livre, prática moderada e salutar dos esportes, sol e praia.

É imprescindível que o adolescente faça radiografia dos pulmões de 6 em 6 meses, o que se pode obter pela abreugrafia, ou seja, a roentgenfotografia, e os controles realizados nos dispensários de tuberculose.

*Moléstias venéreas.* Mais do que em qualquer outra época da vida, o adolescente necessita de orientação sexual. Esta deverá incluir noções sobre a profilaxia e sintomas das moléstias venéreas, cujas explicações deverão ser dadas com toda naturalidade, por se tratar de moléstias como outras quaisquer.

O adolescente que tiver formado sobre as doenças venéreas uma impressão acompanhada de sentimentos de repugnância e desprezo social poderá sentir-se deprimido se por acaso vir a adoecer. Poderá sentir tanta vergonha e desprezo de si mesmo, que procure ocultar a moléstia, em vez de tratá-la a tempo, com isso acarretando prejuízo para si próprio e para a sociedade humana.

A moléstia venérea, não tratada, poderá torna-se crônica, chegando, em alguns casos, a acarretar a esterilidade sexual do indivíduo. Daí a grande necessidade de esclarecimentos criteriosos, humanos e bem orientados, destinados a infundir ao adolescente confiança em si mesmo e naqueles que lhe estão próximos, aos quais deverá recorrer, se por acaso adoecer. A intimidade e afeto dos pais auxiliam imensamente a desfazer problemas e dúvidas relacionados às moléstias venéreas.

Essas deverão ser encaradas e explicadas como outras moléstias quaisquer, sendo indicados os meios de prevenção e encarecida a necessidade de *tratamento imediato e competente* (não com "entendidos" ou "droguistas").

*Tiróide.* As perturbações da tiróide surgem com freqüência durante o período da puberdade. Tanto se pode tratar de excesso de funcionamento (hipertireoidismo), como de deficiência (hipotiroidismo).

Certas características na conduta do adolescente podem indicar perturbações tiroidianas, das quais, naturalmente, apenas podemos suspeitar e *nunca* afirmar que se trate de distúrbios da tiróide. Somente exames especializados, levados a efeito por médico, poderão estabelecer o diagnóstico.

Contudo, é importante que se possa reconhecer alguns desses sinais, podendo assim orientar o adolescente ou os pais, muitas vezes completamente alheios a essa moléstia.

Assim, temos na hipofunção da tiróide, ou *mixedema,* alguns dos sintomas que chamam a atenção:

1. mentalidade preguiçosa, apatia e sono exagerado;
2. obesidade, especialmente nas clavículas e dorso das mãos;
3. fadiga;
4. queda dos cabelos;
5. pele seca, infiltrada e escamosa;
6. olhos inchados.

No *hipertiroidismo* encontramos outros sinais:

1. excesso de atividade mental, inteligência brilhante, irritabilidade emocional fácil, com alterações temperamentais, choro, riso, etc.;
2. tremor das mãos, movimentação excessiva e inútil;
3. insônia;
4. aumento de tamanho do pescoço;
5. olhos saltados;
6. sensação de batimentos rápidos do coração (taquicardia);
7. pele úmida, quente, transparente e fina.

Repetimos que os sinais fornecidos não autorizam o diagnóstico; podem, entretanto, chamar a atenção daqueles que convivem com o adolescente, para um problema da saúde física, cujo tratamento feito corretamente só poderá resultar em benefício de sua personalidade.

*Fadiga.* Uma condição que favorece sobremaneira a propensão do adolescente às moléstias é a fadiga. O trabalho excessivo, o cansaço intelectual, a tensão emocional, predispõem o jovem a certas moléstias, entre as quais a tuberculose.

Os adolescentes que trabalham durante o dia e estudam à noite, em virtude de período de crescimento rápido que estão atravessando, tornam-se sujeitos à astenia física e mental.

A fadiga deve ser percebida pelo ambiente do adolescente, que então orientará o mesmo a respeito de melhor distribuição de suas tarefas escolares, domésticas e sociais.

As causas da exaustão física ou mental podem ser inúmeras.

As principais são: pouco sono, relaxamento físico, pouca recreação mental, nutrição deficiente, preocupação e ansiedade, falta de interesse no grupo, nos assuntos escolares ou pela vida em geral.

Os *sinais da fadiga* não são difíceis de serem evidenciados:

1. falta de concentração mental;
2. expressão menos alerta no olhar, olhos inchados;

3. apetite diminuído ou ausente, digestão perturbada;

4. firmeza muscular (tônus) diminuída, dando ao rosto expressão murcha e desalentada;

5. *postura de fadiga:* ombros caídos, cabeça inclinada para a frente, abdômen saliente;

6. irritabilidade fácil;

7. freqüente falta às aulas por moléstias habituais (gripe, resfriados, quistos dentários, furúnculos, dores de cabeça, etc.).

Com razão figura a fadiga também como um dos sinais de *negativismo* da parte do adolescente.

Quando lhe solicitamos algo que não lhe agrada ou interessa fazer, reage comumente com a queixa de fadiga. Essa queixa surge também com freqüência quando o adolescente enfrenta sentimentos de frustração ou desânimo, quando se vê a braços com trabalhos de responsabilidade ou dificuldade acima de seu alcance.

Quanto ao *atletismo*, muito comumente apontado como uma das principais causas da fadiga, há divergência de opiniões.

Causa de fadiga orgânica ou fator de estímulo e solidariedade, o certo é que o adolescente toma seus exercícios físicos muito a sério. De acordo com BAKWIN e BAKWIN o *atletismo* preenche 3 finalidades importantes na vida do adolescente:

1. serve de sublimação de parte de sua energia;

2. como exercício de trabalho de equipe, cavalheirismo e espírito de solidariedade;

3. como oportunidade de sentir-se realizando algum esforço competitivo, ainda que muscular, medindo as forças contra as de outros e aprendendo a ganhar e perder esportivamente.

Muitos são os que se pronunciam a favor de *restrição de esportes excessivos na adolescência*, alegando vários motivos, entre os quais a fase de crescimento rápido, excesso de trabalho, moléstias respiratórias ou cardíacas, reumatismo, etc. Entretanto, GALLAGHER (*cit.* em BAKWIN e BAKWIN) julga que o adolescente em hipótese alguma deve ser afastado dos esportes, ainda que doente cardíaco, podendo jogar em certas posições que não exijam demasiado esforço e lhe dêem a sensação extremamente grata de estar participando no trabalho e competição de todos.

Devemos também fazer menção a um grupo de moléstias que podem apresentar-se na adolescência, embora não sendo específicas desse período, devido às relações psicossomáticas que a nossa atividade mental entretém com o organismo físico.

Há um componente psicológico importante nas moléstias físicas, podendo inclusive influenciar o estabelecimento de certos sintomas orgânicos como pontadas, tonturas, dores de cabeça, crises alérgicas (intestinais ou respiratórias), crises nervosas, etc.

Grande parte desses sintomas representa uma conversão de fatores emocionais psíquicos em perturbações de ordem orgânica. É o que chamamos de relações psicossomáticas.

Ao estudarmos a conversão como mecanismo psicológico, observaremos melhor essa atitude de transformar problemas emocionais ou situações psíquicas intensas em pontadas, crises de falta de ar, sensação de desmaio, suores frios, etc.

Assim, é provável que o adolescente que esteja enfrentando vivências psicoemocionais demasiado insuportáveis se veja forçado a derivar para o organismo físico parte dessa tensão psíquica penosa que suporta.

Surgirão então as sensações de mal-estar, a falta de ar, as tonturas de que falamos acima. Elas resultarão em parte do fato de que o adolescente consegue solucionar totalmente os problemas psicossociais tentando então transformá-los parcialmente pelo menos em sintomas físicos, que lhe darão realmente as características de moléstia e despertarão a atenção geral do meio ambiente para o jovem.

Nestes casos o tratamento apenas médico é quase sempre insuficiente.

Torna-se imprescindível o tratamento psicoterápico concomitante, que vise atingir o setor psíquico transtornado e eliminar o mecanismo de conversão, demonstrando ao adolescente o inconveniente de sua utilização e a possibilidade de obter mecanismos de vazão mais úteis e socialmente mais adequados.

CAPÍTULO 2

# O ADOLESCENTE NA FAMÍLIA



## *1. Os adultos significativos*

Criada e educada no ambiente familiar, a criança transforma o casal, a díade familiar, num triângulo, numa tríade, também chamada constelação familiar: o pai, a mãe e o filho. Para os adolescentes, a família é a célula-mater, o refúgio e o retiro, o apoio, a compreensão e a aceitação, de que tanto necessitam. Os pais formam, desde o início, as figuras mais importantes da vida infantil. São os *"adultos significativos"* na existência e personalidade infantis. Além dos pais, outros adultos significativos serão os irmãos, parentes, vizinhos, amiguinhos, professores. Porém, os adultos significativos mais importantes serão sempre os pais, que foram os primeiros e continuam sendo-o, também na meninice, na adolescência, no jovem adulto, e ainda (por que não?) no adulto apto e maduro. São as pessoas que influenciaram e sugestionaram, diretamente, o jovem; que impuseram a ele, leis, ordens, regulamentos, técnicas disciplinares, colonização e socialização. Transmitiram suas mensagens de ética, moral, usos e costumes, linguagem e hábitos, fé religiosa, educação sexual, conceitos e valores socioculturais, alimentares, políticos e econômicos, crendices e superstições, tabus e preconceitos, maneiras de ser, vivências e filosofia de vida.

Ao mesmo tempo, entretanto, a criança tenta, através de seu crescimento e desenvolvimento, lutar contra a dependência, a socialização, a colonização dos pais, o domínio dos adultos, a educação enfim. Tenta conservar sua liberdade de opinião, de opção, de autonomia física e psíquica. É uma luta pela liberdade, pela independência, pela separação do corpo e personalidade infantis do corpo e personalidade dos pais. E do seu lado, os adultos se empenham na manutenção dessa dominação, dessa dependência que deixa a criança submissa às ordens e desejos dos adultos.

Ao chegar à adolescência, encontramos essa luta muito mais vigorosa e o adolescente mais indeciso e vacilante. Ele se debate numa oscilação pendular entre a necessidade fundamental de ser independente, ser ele mesmo, livre e autônomo, e a necessidade (sim, a necessidade) de continuar dependente, ganhando as mordomias de sempre, que significam proteção, carinho e acolhimento, da parte de adultos ávidos, tirânicos, permissivos e superdominadores. Essa situação caracteriza a *"ambivalência"* do adolescente, na qual o vemos ainda não totalmente liberto por um lado, e bastante colonizado por outro.

A necessidade do adolescente de se separar dos pais (agora transformados em perigosos objetos sexuais que, freqüente e inconscientemente, reagem aos filhos e filhas adolescentes, positiva ou negativamente, com atitudes velada ou abertamente sexuais) torna-se imperativa no contexto da situação edipiana que deve ser solucionada. Esta situação se refere ao pai que proíbe à filha adolescente o uso de batom, de decotes amplos, de não usar sutiã, ou mesmo de sair com determinados companheiros dos quais não gosta. Ou da mãe que continua dominando o filho e ditando-lhe os hábitos e atitudes.

A luta do jovem na remoção de suas figuras incestuosas, introjetadas desde a infância e agora representadas na figura materna e paterna, foi chamada de *"remoção dos objetos"* por KATAN e sua vitória é uma indicação segura de o jovem ter atingido sua maioridade e maturidade.

Para obter essa separação difícil e dolorosa, o jovem deverá colocar-se numa posição crítica, tentando desfazer os laços que o unem aos pais. Ele ou ela, filho ou filha, deverão decompor, analisar, agredir as figuras que foram tão significativas durante tantos anos e demonstrar seu desencanto e desapontamento ante esses valores, conselhos, conquistas e proibições antiquados e superados das gerações anteriores. E essa atitude demolidora dos adolescentes provocará, indubitavelmente, uma reação imediata (serena ou violenta) da parte dos pais e demais adultos atingidos. Reação tanto mais agressiva quanto mais atingidos estejam os pais se sentindo, quanto mais estejam sendo desafiados e confrontados, quanto mais a atitude dos filhos e filhas lhes fazem recordar as revoltas de sua própria juventude.

## 2. *Humanização e desmitificação dos pais*

Estes fatos explicariam as dificuldades encontradas pelos jovens na luta pela *"humanização e desmitificação dos pais"* de que nos ocupamos linhas adiante. E torna mais difícil ainda que os pais aceitem, de bom grado e empaticamente, as *"novas invenções"* dos filhos e filhas adolescentes, em seu comportamento familiar.

Uma das técnicas inconscientes, impulsivas e automáticas, utilizadas pelos adolescentes para se libertarem da colonização, do domínio dos adultos, chama-se *"desmitificação dos ídolos"*. Consiste em modificar o ponto de vista forjado na infância e meninice, referente à onipotência, onisciência e capacidade superior dos pais. De repente, eles se tornam menos ídolos e mais seres humanos. Deixam de ser os deuses puros e superiores. Passam a ter vida sexual; fraquezas (gostam de sorvete ou de lambiscar); vícios (chá, café, aperitivos, cigarros, aspirinas, TV); cometem erros (de português, de aritmética, de conhecimentos gerais); injustiças (acusam inocentes e não se desculpam por isso); falhas (eles mentem, prometem e não cumprem, roubam no jogo, inventam desculpas, desconversam quando percebem que vão ser derrotados nos argumentos) e mil outros defeitos. Podem, até mesmo, surgir dúvidas quanto a serem ou não os pais legítimos do adolescente. Aliás, essas dúvidas (Será que são mesmo meus pais? Será que não fui adotado quando bebê ainda?) são fantasias muito freqüentes na infância e adolescência.

A "humanização" dos pais, isto é, a "desmitificação dos adultos", já sem a conotação de "ídolos", não é bem recebida pelos pais. Ao contrário, sentem-se desprestigiados, desmoralizados, perdendo o domínio sobre os adolescentes e reagem, com violência, tentanto preservar o que podem do seu reinado em vias de dissolução. O adolescente engendra uma autêntica "revolução" em que ele (o colonizado) se revolta contra os pais (colonizadores, pátria-mãe) e almeja a independência. Da reação dos adultos a essa "revolta" depende a segurança e o afeto (quando os pais ajudam, também, a independência) do jovem, ou a depressão, a ansiedade e a rejeição (quando se opõem e hostilizam as tentativas do adolescente). Os pais inseguros e imaturos são os que mais rejeitam e hostilizam as iniciativas de independentização dos filhos, temerosos de perder sua afeição, obediência e respeito. É um sinal de como os pais se sentem frágeis e despreparados, em sua insegurança e imaturidade, porque os adolescentes, ao se liberarem da dependência que os algema aos pais, nem por isso deixarão de amá-los, respeitá-los e considerá-los como "adultos significativos" que sempre serão para os filhos.

Curiosamente, os pais que apóiam e estimulam a independência do adolescente, ajudando-o a assumir sua própria identidade, são ainda mais amados e respeitados pelos jovens, ao passo que aqueles que se opõem e tentam continuar a dominação do adolescente fornecem a ele mais motivos ainda de agressividade e desamor.

Proporcionar aos jovens um ambiente familiar caloroso, afetivo e construtivo, respeitar o "espaço" da personalidade do adolescente (sua vida e idéias próprias) só se torna uma realidade quando os adultos que participam desse ambiente, os fundadores da célula familiar, são pessoas cujas necessidades básicas psicoemocionais estão sendo satisfeitas. Para esses adultos, conscientizados de sua função na família, a *segurança* que lhes advém do fato de *"receberem afeto e aceitação do seu grupo social"*, *"a possibilidade de realizar coisas e aprender coisas novas"* e a *"oportunidade de manifestar senso de responsabilidade"* e *contribuir para o bem-estar e ajuda a terceiros*, constituem, além da *saúde* e *situação econômica suficiente*, os ingredientes para um ajuste adequado e satisfação de suas necessidades fundamentais. Tais adultos são, habitualmente, seguros e efetivos, gozam de maturidade e estabilidade, e estão em condições de oferecer aos adolescentes um ambiente familiar confiante, estimulante e afetivo. Dentro dessas características, tais adultos podem permitir e estimular nos seus filhos o desenvolvimento de uma personalidade sadia, com maturidade e estabilidade.

## *3. Maturidade emocional dos adultos*

A maturidade emocional do adulto se mede, não tanto pelo controle das emoções como pela modificação na natureza dos estímulos e pelo tipo e rapidez das respostas aos estímulos. A emoção negativa do adolescente está muito ligada a ele mesmo: sendo inseguro em seu *status*, tentando ser adulto, ele se sente frustrado e irritado, porém já mais controlado do que a criança. O adulto maturo, por sua vez, sente-se suficientemente seguro de si mesmo e não se deixa provocar nem arrastar tão facilmente pelos agravos físicos ou desprezo social (como acontece com os jovens), sendo mais afetado pelo senso de injustiça social. E quanto maior for a maturidade, mais o adulto se preocupa com a injustiça feita a outros. E sua reação se faz sentir assumindo a forma de atos racionalmente planejados e não pela violência física ou verbal.

Quando os pais do adolescente já atingiram a maturidade do estado adulto, as condições dos jovens não poderiam ser melhores: 1. eles não estarão sujeitos a explosões temperamentais dos pais a respeito de ninharias, de atos não-intencionais, de problemas de natureza física ou dificuldades sociais; 2. não serão mais vítimas do amor ciumento, possessivo e dominador de pais imaturos; 3. não estarão sob o domínio dos medos tirânicos e irracionais de adultos assustados, neurotizados e catastróficos (que enxergam catástrofes em todos os atos do adolescente); 4. não estarão expostos à coação intensa de pais socialmente superativos, ou ao medo e timidez de pais socialmente retraídos; 5. não terão que sofrer, repetidamente, a invasão do "seu espaço íntimo, particular e reservado" de suas personalidades por pais ávidos, inquisitivos e intrometidos. Entretanto, nem os pais dotados de estabilidade e maturidade conseguem manter esse estado, constantemente; como seres humanos, também estarão sujeitos a recaídas ocasionais de insegurança, medo e instabilidade. Esse fato, longe de comprometer seu prestígio ou sua afetividade junto ao adolescente, encarece sua importância como seres humanos, adultos e passíveis de algumas falhas.

## *4. Ambientes familiares*

No referente aos jovens, o ambiente familiar pode variar substancialmente, nas atitudes que os pais adotam, nas reações do adolescente a elas. Fundamentalmente, teremos as seguintes:

A – Quando o ambiente se excede em proporcionar afeto e proteção, com pais superpossessivos, superprotetores e superpermissivos. São também tirânicos, cobrando avaramente o amor que dão, a "proteção" que "vendem" ao adolescente. As características dessa situação familiar são: mordomias (contato e mimo excessivo, incômodos para o jovem); tentativas de infantilização (manter o adolescente numa eterna infância); críticas constantes, ásperas e injustificadas (para manter a insegurança do adolescente, e portanto, sua dependência); a invasão do "espaço" do adolescente pela dominação sufocante, pela ingerência indevida nos assuntos dos jovens; menosprezo pela satisfação das necessidades básicas do adolescente (também porque, na maioria desses casos, as próprias necessidades do adulto não estão sendo satisfeitas); indulgência excessiva como suborno (na esperança de receber a mesma indulgência da parte do adolescente); exigência de obediência cega, total e irrestrita (não faça nada sozinho; sempre pergunte primeiro a seu pai ou sua mãe) como forma de anular a iniciativa do jovem; em troca, ele receberá apoio, afeto e proteção; angústia constante do adulto (como manifestação de sua "preocupação e interesse" neuróticos pelo adolescente; favoritismo pelo filho que for mais obediente, passivo e submisso; anulação do processo de "tentativa e erro" (para que experimentar? melhor perguntar aos pais e seguir à risca os conselhos - obedecer); ingerência constante na vida e atos do adolescente, perguntando, falando e aconselhando (formado o hábito de falar, orientar e aconselhar é difícil eliminá-lo. O conselho é impulsivo, automático e gratuito, ainda que não desejado).

O adolescente *reage* a essas atitudes da seguinte maneira: por um comportamento infantil regressivo, como arma de ataque e defesa (choro, fuga, indecisão, medo, ciúmes (falta de segurança), teimosia, náuseas, cólicas, inapetência, voracidade, sono, etc.); dependência emocional exagerada; receio de responsabilidades e conseqüente recusa de assumi-las (na escola, no trabalho, namoro, casamento, etc.); instabilidade emocional (agravamento da ambivalência sentida); crises temperamentais (riso, choro, raiva, medo); dificuldades escolares; falta de estímulo (desânimo, apatia); atitude tirânica (cobrando dos pais a satisfação dos desejos, caprichos e exigências descabidas); chantagem emocional (com ameaças de abandono da escola ou emprego, de suicídio, de fuga de casa, de greve de fome, etc.); simulação de doença ou mal-estar para conseguir o que deseja.

B – Em outros ambientes familiares, a situação se caracteriza pela ausência de carinho e afeto, de contato e diálogo; pela frieza, crítica destrutiva e hostilidade permanente. Aqui os pais são rejeitadores, rígidos e intolerantes para com os adolescentes que são tratados com rispidez, severidade e falta de consideração. Há uma verdadeira negligência em relação ao jovem, ninguém se interessando pelo que faz, a hora que volta da escola ou trabalho, suas necessidades materiais ou psicoemocionais. Os pais quase nunca se encontram em casa à hora do adolescente voltar. Dão a impressão de manter um vazio em torno dos jovens, estar sempre fugindo ao contato e diálogo, irritados ou enfadados, mostrando-se pouco interessados em conversar. Logo perguntam de quanto os adolescentes precisam, resolvem o problema do dinheiro e se consideram bons pais, pois dão tudo que os jovens necessitam. Na verdade, esses pais só manifestam insatisfação e má vontade, impaciência e ausência de estímulo, projetando seus próprios problemas e conflitos sobre seus filhos adolescentes.

A resposta emocional dos adolescentes apresenta-se com as seguintes características: tornam-se excessivamente agressivos contra os pais (uma forma de atrair a atenção sobre si mesmos); manifestam insegurança, medo e incapacidade de emoção afetiva; podem se tornar "infantilizados" com sintomas regressivos como medo irracional, urinar na cama, isolar-se, roer as unhas, chupar os dedos, etc; imaturidade, irritabilidade e recusa de responsabilidades; cinismo, hostilidade e agressividade acentuadas; ciúmes e rivalidade com os irmãos; necessidade neurótica de amor e contato; fixação no adulto (tanto maior quanto maior for a indiferença e fuga do adulto ao adolescente); atitudes delinqüentes: mentira, furto, destrutividade; ansiedade e tristeza.

C – Na situação perfeccionista, os pais demonstram aceitar bem o adolescente, porém alimentando o firme propósito de modificá-lo, melhorá-lo, aperfeiçoando-o. Percebe-se em suas atitudes que os pais não estão satisfeitos com o jovem ou a jovem "como são" e desejam transformá-los em "outros melhores". Assim, pretendem estimulá-los e motivá-los até a perfeição. Daí o nome de perfeccionistas dado a esses pais e ao sistema posto em prática no ambiente familiar. Os pais perfeccionistas, provavelmente, foram, em sua infância, por sua vez, vítimas de adultos perfeccionistas. Essa atitude é das mais contagiantes, atingindo o adolescente, desde criança e tornando-o perfeccionista também.

A característica básica do perfeccionismo é o grau de exigências rígidas, insatisfação, frieza e indiferença no relacionamento intrafamiliar, que adquire a finalidade principal de promover o aperfeiçoamento forçado do adolescente em casa, na escola e no grupo social. Essa finalidade pode transformar o aperfeiçoamento numa "perseguição" aos jovens, cobrada de uma forma antipática e que causa real ansiedade e desgosto aos adolescentes. A crítica severa (a título de construtiva); a insatisfação com tudo que o adolescente faça (ainda não é o bastante, poderia ser melhor); as excessivas cobranças; a coação; a constante comparação desfavorável com os outros (sejam irmãos, parentes, amigos ou os próprios pais); os raros e difíceis elogios; o emprego habitual de ironias; a má vontade e intolerância; a humilhação, o desinteresse, a prepotência do adulto; o bloqueio da vontade e iniciativa dos jovens e uma pretensa "superioridade" dos pais perfeccionistas (quando *eu* era estudante, quando *eu* fiz a faculdade), são os indicadores de uma relação intrafamiliar do tipo perfeccionista.

A *reação* dos adolescentes se faz sentir por: sentimentos de insegurança, descontrole emocional e insatisfação; negativismo, frustração e desânimo; falta de confiança em si mesmo; busca constante da perfeição; sintomas obsessivos (rituais, fobias, superstições, tabus); intolerância para consigo mesmo e os outros; desajuste psíquico; formação de ideais excessivamente elevados e inatingíveis; problemas de sono e alimentação; sentimentos de inferioridade e inadequação; exigência excessiva de si mesmo, numa tentativa mal sucedida de agradar aos adultos e superar-se.

D – Finalmente, temos a situação familiar mais positiva que é a de aceitação. Já nos referimos a ela, no início do capítulo, ao mencionar o ambiente dos adultos dotados de maturidade e estabilidade. São suas características: carinho, compreensão e o senso de humor no trato com os jovens; respeito pelo "espaço individual" dos adolescentes; tolerância e abertura com igualdade de direitos e oportunidades, de estímulos e obrigações; interesse amigo, cordial e permanente por tudo que o adolescente quiser relatar, sem que haja "inquirição policial" do perfeccionista, do superprotetor ou rejeitador; atitude construtiva de mais reforço e menos punição; abolição da atitude de castração do adulto prepotente; abordagem firme, coerente e o mais possível justa; transmissão adequada de valores, sem fantasias ou mentiras, bastante realista, sem cinismo ou pessimismo; sensação de estabilidade, maturidade e segurança; clima familiar de serenidade, necessidades psicoemocionais dos adultos satisfeitas e alegria de viver; sentimento, principalmente, de paciência e aceitação dos adolescentes.

De parte dos jovens, observaremos: um desenvolvimento biopsicossocial bastante satisfatório; maior resistência aos traumas psíquicos (crises existenciais); alegria espontânea e contagiante; dedicação às tarefas (estudo, trabalho, ajuda a terceiros); afeto sincero e voluntário; segurança, estabilidade e serenidade; confiança em si mesmo; aceitação melhor de responsabilidades; compreensão e aceitação das leis sociais e familiares; reconhecimento dos próprios erros; estímulo à produtividade e criatividade; estímulo à competição; reação positiva às frustrações; perseverança nos projetos selecionados; aceitação dos pais e adultos como seres humanos; sentimento adequado de independência; aceitação dos desafios com tranqüilidade e empenho; uma filosofia de vida adequada e operante.

## *5. Influência das famílias*

As famílias proporcionam aos adolescentes influências dentro de uma escala colorida e muito pessoal. Umas são sede de constantes atritos e discussões entre os adultos e entre os adultos e os jovens; outras se fazem notar pelo companheirismo e cordialidade. Temos famílias onde o "espaço do adolescente" (sua vida íntima, necessidades e personalidade) é reconhecido e respeitado pelos adultos; e aquelas que são "chefiadas" por um pai ou mãe possessivos e dominadores. Outras são dominadas pelos adolescentes tirânicos e autoritários. As famílias diferem nas condições socioeconômicas, religiosas, nos interesses sociais, nas manifestações artísticas, científicas ou literárias. Umas são extremamente comunicativas e sociáveis; outras se isolam. Temos famílias em constante ebulição ou rebeldia; outras, dominadas por um inválido. E outras, ainda, perturbadas e lesadas por casos de deficiência mental ou parentes psicopáticos.

A influência que esses tipos de famílias exercem sobre os adolescentes é marcante e muito de sua personalidade funciona reativamente a esses estímulos e traumas.

Existem certas atitudes dos pais, relacionadas aos filhos e que são, tão freqüentemente, encontradas nas famílias dos adolescentes que não podemos, de forma alguma, omiti-las. Como exemplo de atitudes que criam problemas para as adolescentes: opor-se às saídas noturnas com rapazes; censuras quando comparando as notas escolares com as das colegas; insistência em certo tipo de alimentos; insistência em levar consigo irmã ou irmão cada vez que saem de casa; preocupação com a prestação exata dos gastos de dinheiro; ausência materna de casa nas horas em que é mais necessária; comparação desfavorável com irmão ou irmã; recusa da permissão de dirigir o carro; crítica dos hábitos e maneiras pessoais; e interferência na escolha dos amigos.

No caso dos adolescentes, os problemas surgiam com: a recusa de permissão para dirigir o carro; insistência em certo tipo de alimentos; censura quando comparando as notas escolares com as dos colegas; insistência na prestação de contas exatas dos gastos de dinheiro; crítica das maneiras à mesa; crítica dos hábitos e maneiras pessoais; comparação desfavorável com irmã ou irmão; oposição às saídas noturnas; recusa na permissão de seleção pessoal de carreira ou profissão; queixas sobre a limpeza de mãos, pescoço e unhas.

Havia também uma grande insistência dos pais a respeito da saúde dos adolescentes, uso de motos, tipo das companhias escolares e extra-escolares, e tipo das roupas usadas (jeans, tênis, jaquetas, capacetes, etc.).

Por sua vez, os adolescentes se queixavam de: mau humor, interrogatório, irritabilidade e perseguição dos pais. Não queriam ser tratados como crianças e ser coagidos em suas amizades, divertimentos e atividades em geral com outros rapazes e moças. Exigiam maior consideração e respeito pelos seus "espaços individuais": silêncio, um local para estudar, calma e disciplina. Protestavam contra a atitude adotada pelos pais, em presença de visitas ou desconhecidos, como comentários pessoais, atitude protecionista, etc. Alguns exigiam atitudes mais condignas em casa: que o pai mantivesse a palavra empenhada e que a mãe procurasse apresentar-se mais bem vestida e com linguagem mais adequada.

Sua imagem de "um lar estável" incluía a satisfação das necessidades humanas básicas ao lado de um intenso desejo de amadurecer e ser aceitos como adultos. Desejavam ser respeitados e reconhecidos como responsáveis e membros válidos do grupo familiar. Desejavam o companheirismo dos pais e se esforçavam por conquistar sua admissão ao mundo adulto, do qual se sentiam parcialmente excluídos. Queriam sentir-se estimulados e reafirmados através do sentimento de amor dos pais e também treinados para a maturidade adulta, participando nas atividades e problemas familiares e nos conselhos de família. Sentir que os pais acolheriam bem seus amigos e saberiam partilhar sua alegria de viver com os outros. Não teriam que prever as punições, nem ansiedades inúteis, ou ainda inquisições, especulações e suspeitas da parte dos pais. Não existiriam tabus ou preconceitos, e sim ternura, cortesia e consideração de uns para com os outros. E nesse tipo de "lar estável" os adolescentes poderiam pretender uma lenta escalada para a maturidade, sem sofrer os dramas dos turbilhões e traumas emocionais ou graves desajustes psíquicos.

CAPÍTULO 3

# NECESSIDADES BÁSICAS DO ADOLESCENTE

1. *Amor*
2. *Aceitação*
3. *Pertencer*
4. *Novas experiências*
5. *Segurança*
6. *Independência*
7. *Reconhecimento*
8. *Aptidão física e social*
9. *Busca da auto-identidade*
10. *Comunicação*
11. *Segredo*
12. *Interesse e atenção*
13. *Mudanças de personalidade*

---

As necessidades básicas do ser humano incluem, não apenas as biológicas ou orgânicas, como também as necessidades emocionais que se desenvolveram durante o processo de socialização e formação do eu. As necessidades fundamentais do indivíduo nascem assim de sua interação biológica com o campo psíquico e servem de base ao processamento de suas experiências. A satisfação das necessidades básicas do adolescente objetiva o desenvolvimento adequado de sua personalidade, especialmente a estabilidade e maturidade nessa personalidade.

Uma necessidade emocional básica tem, em si mesma, um sentido mais social do que físico ou instintivo. A necessidade emocional implica, automaticamente, a *existência e cooperação* de outros seres humanos do grupo, para que possa ser satisfeita. A carência ou privação da satisfação desse tipo de necessidades é a causa e origem da angústia existencial que encontramos por trás de muitos casos de delinqüência e desajuste.

Em geral, são consideradas as necessidades básicas humanas em três áreas: orgânicas ou biológicas, sociais e pessoais. As necessidades *biológicas* ou *orgânicas* são primárias, referentes à necessidade de ar, alimentos, água, proteção (vestuário), abrigo contra eventualidades naturais (como chuva, frio, calor excessivo, feras, etc.) e demais necessidades fisiológicas. As necessidades *sociais* referem-se às relações interpessoais, incluindo basicamente, por ordem de maior carência: amor, aceitação e o sentimento de pertencer. Na área das necessidades *pessoais*, ligadas à formação do eu, o ser humano necessita de novas experiências, segurança, independência, reconhecimento, capacidade de iniciativa, auto-orientação, encontro de sua identidade, comunicação, segredo, proteção de carências desnecessárias, aceitação como indivíduo, aprovação dos outros e interesse dos pais.

## *1. Amor*

A necessidade de receber amor não é apenas uma das mais importantes na formação da personalidade do adolescente; ela surge como fundamental já desde o nascimento do ser humano. O efeito da satisfação da necessidade de afeto, carinho e ternura afeta e condiciona o ambiente familiar e dá ao relacionamento com o novo componente do lar uma conotação característica, cordial e quente, de ser amado, aceito e realmente desejado no ambiente familiar. A sensação de ser amado dá ao indivíduo uma completação de sua personalidade, realça a segurança e confiança em si mesmo, mas, principalmente, ensina a retribuir esse carinho, afeto e ternura. Ensina ao indivíduo que é amado a amar por sua vez os outros.

Os adolescentes rejeitados e hostilizados sofrem de verdadeira "carência afetiva", uma real privação psíquica de amor, responsável por graves problemas no desenvolvimento de sua personalidade. E porque não são amados, não aprendem a amar também, tornando-se afetivamente indiferentes e emocionalmente frios.

O jovem deve ser amado por "ser ele mesmo" e não por haver cumprido alguma tarefa ou possuir algum talento que lisonjeie a vaidade dos familiares. Ser amado por si mesmo dá ao adolescente a liberdade de crescer e se desenvolver; dá-lhe segurança e confiança na própria personalidade; presenteia-o com a esperança no futuro e na própria capacidade.

## 2. *Aceitação*

Ser aceito, primeiro no grupo familiar, depois entre os amigos, na sociedade, na profissão, significa também uma satisfação básica. A aceitação do jovem, pelas suas próprias qualidades, não por ser filho de Fulano ou Beltrano, recomendado por X. ou Y., igualmente condiciona uma sensação extraordinária de bem-estar existencial, de realização básica das condições elementares de segurança e desenvolvimento da personalidade do adolescente.

Ser recebido, aprovado, estimado e reconhecido pelo seu próprio valor é uma das necessidades primordiais na personalidade adolescente. As conseqüências da aceitação foram analisadas no estudo sobre o jovem no grupo familiar.

## 3. *Pertencer*

Todo adolescente tem uma ansiedade íntima de sentir que pertence à família, ao grupo social, à classe escolar ou profissional. A noção de "pertencer" torna-se assim todo-poderosa no sentido de lhe fornecer um *status* necessário e obrigatório. É uma força social e de significação emocional profunda, muito ativa em nossos dias, e que concorre, intensamente, para integrar o jovem na sociedade, ao mesmo tempo que incrementa sua segurança e auto-estima.

## 4. *Novas experiências*

Iniciando sua caminhada em direção à maturidade, os jovens são forçados a experimentar situações e enfrentar decisões novas. É uma necessidade básica que impele o adolescente, de forma compulsiva, a novas atividades das quais poderá aproveitar o que puder para seu aperfeiçoamento. Ao lado dos pais pessimistas (dizem-se realistas) os jovens tentam suas novas experiências e conseguem, com muita freqüência, excelentes resultados. Daí o interesse por aventuras, viagens, empreendimentos, planejamento e novos amigos. A vida familiar parece (e muitas vezes é) totalmente rotineira e automatizada, árida e monótona. E a força e a necessidade da alegria de viver levam o adolescente a conclusões severas a respeito da estagnação familiar.

## 5. *Segurança*

Força impulsora básica da personalidade dos jovens significa serenidade, autoconfiança e capacidade decisória. Cria o autocontrole, a auto-estima, a crença no próprio poder e capacidade, no valor próprio, no *status* e na inegável integridade da personalidade. Para haver segurança, é preciso que certas necessidades emocionais básicas sejam satisfeitas desde a mais tenra idade: amor, aceitação, interesse e tolerância, primeiro dos pais e adultos significativos, depois dos elementos componentes dos grupos sociais a que vai pertencer o indivíduo.

## 6. *Independência*

A necessidade de se liberar da tutela dos adultos é sentida pela criança, iniciando-se desde então a luta pela independência do ser humano. Realmente, o adolescente deseja libertar-se do controle de pais e irmãos mais velhos, bem como da proteção, alimentação e vestuário imposto a ele pelo ambiente familiar. Outros setores são incluídos nessa ânsia de libertação como o pensamento político-social, a orientação religiosa, a diretriz escolar, a escolha de amigos e companheiros afetivos. A liberação tende a ser total em pouco tempo, negando-se o adolescente a qualquer orientação dos adultos.

Apesar dos prognósticos sombrios, não se deve acreditar que os jovens estejam realmente abandonando toda e qualquer orientação de seus adultos significativos, os quais estão, por assim dizer, embutidos na mente dos jovens, de lá irradiando, inconscientemente, conselhos e advertências, apesar de toda libertação. Mesmo sem a recusa agressiva e hostil dos adultos em abandonar a tutela dos jovens, os pais e outros logo perceberão que os adolescentes "continuam" a esperar conselhos e recomendações, desejando sempre a *"aprovação"* de seus atos independentes. É preciso agir com muito tato, delicadeza e sutilidade, demonstrando aos jovens que confiamos em seu discernimento, em sua decisão e bom senso, na capacidade de agirem livremente, sem querermos impor, forçar "nossas decisões e orientações" a eles.

Porque a luta pela independência, declarada e iniciada pelos jovens, não é nem total nem imediata. É um processo lento e gradual que deve contar com a boa vontade, interesse, compreensão e estímulo dos pais e adultos significativos dos adolescentes. Ao invés de sufocarmos, reprimirmos ou coagirmos os jovens, é nossa obrigação estimular neles o sentimento e a luta pela independência de atitude, de decisão, de solução dos seus problemas. Porque desejamos jovens autoconfiantes, capazes, decididos e seguros e que saibam enfrentar com coragem e serenidade as situações com que vierem a se deparar.

Quanto menor a força de resistência sentida pelo adolescente, tanto mais facilmente cedem os impulsos de revolta do jovem. Sem a rude hostilidade e obstinação dos adultos, o próprio jovem reconsidera suas atitudes e vem procurar apoio e orientação junto àqueles que repudiou em suas tentativas de libertação. Se lhe dermos a prova de nossa confiança nos seus critérios e julgamentos; se lhe demonstrarmos que não nos alarma nem preocupa a decisão que tomar e que aceitamos o seu bom senso, o adolescente será seguro de si próprio e virá cotejar com os adultos as conclusões a que tiver chegado. Pois na realidade o jovem ainda atravessa momentos de dependência e incerteza, nos quais necessita dos adultos. E se não recorre a eles é porque, no anseio de sua independência, recusa-se a admitir essa dependência humilhante contra a qual luta.

### 7. *Reconhecimento*

O reconhecimento, que significa a autovalorização do jovem, a reafirmação do seu próprio valor, a admissão da parte de terceiros de sua importância, representa importante necessidade básica a ser satisfeita. Os pais, na sua ansiedade de manter os filhos como crianças dependentes e felizes, sem preocupações ou angústias, desprezam a necessidade de reconhecimento, negando-a aos filhos adolescentes. Os jovens desejam intensamente ser reconhecidos e prestigiados pelo seu próprio valor. O *status* ou a posição social torna-se assim uma necessidade perante a família, o grupo de amigos, a escola, a comunidade enfim.

### 8. *Aptidão física e social*

O bom estado funcional físico e social dos adolescentes é uma necessidade básica bastante séria para que a carência em sua satisfação se torne um problema grave. Estar bem fisicamente, sem mal-estares, deformidades, espinhas (acne), manchas, excesso de gordura ou magreza, desproporção de busto, nariz, orelhas, etc., tudo se torna motivos de ansiedade e preocupação. A aptidão social é igualmente preocupante: elegância saber dançar disco, fazer um esporte, surf, esqui-aquático, saber jogar, enfim, tudo que coloque o adolescente "socialmente bem", ao lado de seus pares, igualmente adolescentes. A inaptidão causa sentimentos de inferioridade e ansiedade aguda; provoca o isolamento e a retração social. Isolado, o jovem alimenta sua hostilidade contra a injustiça e a agressividade dos outros. Torna-se neurótico, destrutivo e anti-social. Inclina-se à delinqüência.

## *9. Busca da auto-identidade*

Todos os jovens atravessam um período de intensa busca da própria identidade. Observando atentamente os pais, o adolescente percebe muitos valores desproporcionadamente colocados: são os aperitivos, os cigarros, tranqüilizantes e comprimidos que ingerem, as horas perdidas diante da TV, as mentiras emitidas quase sem sentir, os julgamentos e critérios ditados sem a necessária reflexão tornam-se para os adolescentes uma verdadeira "escola de hábitos condenáveis" à qual são enviados, infelizmente, pelos próprios pais. Escudados no que observaram, os jovens sentem-se autorizados a avançar mais ainda o sinal. Mais cedo ou mais tarde, os filhos e filhas irão praticar pequenos furtos nos supermercados, utilizar estimulantes, fazer experiências sexuais, faltar às aulas para ir ao cinema e assim por diante.

Devemos, portanto, empregar o máximo de cautela com a "imagem" que estaremos transmitindo aos nossos filhos e filhas, por mais adultos que nos consideremos, e mais conscientes de nossa função de pais.

O jovem com dificuldades na concepção de sua identidade pode desenvolver uma personalidade inadequada. Ele se sentirá despreparado para os problemas existenciais, poderá se considerar indesejável, inferior, inaceitável e incompetente. Já o adolescente que tem percepções positivas de sua identidade irá desenvolver uma personalidade apta, defenderá sua identidade, sentindo-se livre para a seleção de suas experiências. COOMBS considera as pessoas com personalidade adequada quando: 1. percebem-se de forma essencialmente positiva; 2. são capazes de se aceitarem e aos outros; e 3. sentem-se estreitamente identificados com outros.

No referente à identidade, DOUVAN e ADELSON consideram as diferenças entre meninas e meninos. Nos meninos, encontramos o erótico, a autonomia (afirmação, independência, realização) e identidade. Nas meninas, encontramos o erótico, o interpessoal e a identidade. Os interesses de cada sexo são diferentes. O núcleo da identidade da jovem adolescente está no desenvolvimento dos laços interpessoais (sensibilidade e significação de associações íntimas com outras pessoas), ao passo que a identidade masculina gira em torno da capacidade de afirmação, independência e realização.

O erótico para a jovem significa essencialmente obter ou manter o amor; no adolescente do sexo masculino, o erótico está envolvido na violência do instinto. Em comum, ambos os sexos na adolescência sentem muita necessidade e desejo mútuos.

### *10. Comunicação*

Existe, no adolescente, uma profunda e insuperável necessidade de comunicação que só não se manifesta quando soterrada pela frieza e hostilidade dos pais que nada têm a ouvir ou dizer aos filhos e filhas adolescentes. No capítulo "Relacionamento social do adolescente", abordamos o tema da comunicação com bastante realce de sua significação e importância.

### *11. Segredo*

Nosso adolescente faz questão de criar um halo misterioso em volta de suas ocupações e realizações. Está bem colocado no espírito aventureiro, próprio dos jovens, o desejo de manter os sentimentos numa intimidade particular, num "espaço" exclusivo deles. É uma necessidade básica característica do desenvolvimento de uma personalidade própria, essa de manter a todo custo uma privacidade, uma reserva a respeito dos atos e decisões pessoais. Nada mais doloroso, desagradável e insultante mesmo, do que "invadir esse espaço do adolescente", lendo seu diário, abrindo suas cartas, atendendo ("na extensão") seus telefonemas, interrogando seus amigos, policiando seus encontros e compromissos e inquirindo, minuciosamente, as atividades das horas que passa fora do ambiente familiar.

Nada irrita mais a filha ou o filho adolescente do que descobrir que aquilo que escreveram, falaram, sentiram em particular foi manuseado, visto, ouvido, comentado, ironicamente, sem consideração, impiedosamente, por pessoas mais amadurecidas, materialistas, desiludidas e decepcionadas em sua visão realista do mundo e das coisas. Os pais e demais adultos que rodeiam os adolescentes devem aprender a respeitar a intimidade e o "espaço" de seus filhos e filhas adolescentes, sem recear que permaneçam ignorantes a respeito deles. Espontaneamente, o adolescente virá procurar os pais e seus adultos significativos para lhes confiar seus segredos, certo de contar com amigos discretos e compreensivos. Os pais tagarelas e fofoqueiros não poderão desfrutar desse bom conceito junto aos filhos e filhas adolescentes. Quem não consegue controlar a vontade insuperável de falar não pode esperar, evidentemente, merecer as confidências de um adolescente.

## *12. Interesse e atenção*

Como qualquer ser humano normal, o jovem necessita receber do seu ambiente um mínimo de interesse e atenção. No processo de comunicação, no diálogo e relação interpessoal, a atenção dada a quem nos fala ou dialoga conosco é parte essencial do nosso intercâmbio físico e psíquico, de nossa percepção do "outro". A sensação de isolamento produzida pela falta de atenção e interesse das pessoas do nosso ambiente cria um estado de carência grave no adolescente que se manifesta como grave insegurança e grande teor de ansiedade. O afeto e a empatia dos outros permite a manifestação de interesse e atenção para com os jovens, satisfazendo neles essa necessidade básica.

## *13. Mudanças de personalidade*

Devemos respeitar nos filhos e filhas adolescentes as tentativas de mudança da personalidade, o assumir da identidade, a adoção de papéis condizentes com os desejos e inclinações dos jovens. Existem momentos existenciais em que o adolescente resolve mudar a "imagem" que vem causando aos demais e assumir uma outra "imagem" ou "papel" mais de acordo com seus ideais. Passa então de alegre e folgado, boêmio e desperdiçador de tempo, conformista e sonhador, a ser uma pessoa que se apresenta séria e compenetrada, estudiosa e cumpridora de suas obrigações, pontual e realizadora. Nessa mudança, nem sempre o jovem ou a jovem são bem compreendidos pelo ambiente familiar ou grupal a que pertencem.

Aliás, nem sempre as mudanças serão do tipo descrito, havendo outras de caráter inverso, ou seja, de adoção de características diferentes, como deixar de estudar, tornar-se adepto de religiões exóticas de meditação, querer deixar os estudos para correr o mundo, tornar-se "hippie", adepto do naturalismo e assim por diante. Devemos respeitar as atitudes do adolescente e aguardar, pacientemente, que sedimente suas idéias que, inclusive, podem ser eminentemente transitórias, sem criar situações de radicalização.

CAPÍTULO 4

# CRISES VITAIS NA ADOLESCÊNCIA



## *1. Crises evolutivas e acidentais*

Na adolescência, como na infância, no adulto e na velhice, encontramos períodos de desequilíbrio emocional, de distúrbio e trauma psíquico, de origem externa ou interna e que se caracterizam pelos problemas psicoemocionais que originam. Tais períodos transitórios e, de certa forma, previsíveis, são denominados *"crises vitais evolutivas ou existenciais"* e constituem marcos de sensibilidade na trajetória psicoemocional do desenvolvimento humano. A própria adolescência, em referência à infância, constitui uma crise existencial evolutiva; outras serão, por exemplo, o colégio, o vestibular, o primeiro namoro, a masturbação, etc.

Outros períodos, com as mesmas características das crises evolutivas, porém surgindo inesperadamente, acarretados por situações, fatos e ocorrências que irrompem, sem prévio aviso, modificam o curso da existência e carregam consigo abalos violentos, com perda brusca, ainda que transitória, de elementos básicos de nossa segurança, equilíbrio e tranqüilidade. São situações que nos ameaçam, subitamente, com a perda de afeto, de estabilidade econômica, às vezes até da própria vida.

Em outros casos, sentimos a coação e pressão de novas e maiores imposições que nos são solicitadas e que nos atemorizam, gerando uma intensa ansiedade. Esse segundo tipo de traumas psíquicos constitui as *"crises acidentais"* e representam graves alterações, modificações profundas e incontornáveis, cujas conseqüências podem perdurar por longo tempo, exigindo um trabalho de adaptação mais difícil. Como exemplos de crises acidentais podemos citar: a morte de pessoa querida; perda ou mudança de emprego; alguma conjuntura física inesperada, como uma cirurgia ou moléstia grave; um acidente (queimadura, atropelamento, mutilação, deformidade, etc.); uma viagem e separação obrigatórias; a mudança de função e situação existencial (como entrar na Universidade, o casamento, a maternidade ou paternidade, etc.).

A crise acidental, sobrevindo inesperadamente, pode agir de formas opostas: 1. estimulando e desafiando o adolescente para uma colocação que vai provocar um crescimento da personalidade, ampliando e favorecendo sua criatividade; 2. uma intensa frustração que vai causar um grave transtorno psicoemocional, um estado depressivo que vai expor a personalidade do adolescente a distúrbios mentais mais graves ainda. É como o jovem irá se comportar diante de uma reprovação no vestibular, um namoro desfeito, etc.

De modo geral, toda crise existencial, seja evolutiva ou acidental, representa uma situação a ser enfrentada, combatida, superada e resolvida. Significa uma provocação ao equilíbrio psicoemocional do jovem e um esforço muito grande de adaptação a novas condições de vida. Essa luta, ante as crises existenciais, pode ser feita: A. com segurança, tempo e serenidade nas *crises evolutivas*, conhecidas e até certo ponto previsíveis, assim como: 1. *fatores biológicos* (crescimento e maturação física, desenvolvimento sexual, enfermidades da adolescência: espinhas (acne), diabete juvenil, reumatismo, tiróide, etc.; 2. *fatores ecológicos* (alterações do clima, erosão, poluição e outros); 3. *psicoemocionais:* ciúmes, rivalidade, dependência dos pais, liberação, experiências homo e heterossexuais, situação edipiana, etc.; 4. *intelectuais*: escolaridade, conhecimentos gerais, desenvolvimento artístico, criatividade, comunicação e outros; 5. *psicossociais*: transformação de valores, sistemas políticos, tradições, crenças religiosas, costumes, moral, etc.; 6. *econômicos*: situação econômica difícil ou folgada, *status*, álcool e drogas, etc.; B. com rapidez e violência nas *crises acidentais* que são: perda de emprego, da namorada ou namorado, fracasso no vestibular, morte de pessoa amada, cirurgia grave, enfermidades graves, acidentes (queimaduras, assaltos, atropelamento, mutilação e deformidade conseqüentes), calamidades (inundações, incêndios, epidemias, revoluções, invalidez parcial ou permanente e outras).

## 2. *Causas das crises*

Como causas fundamentais das crises vitais consideremos: 1. o impacto físico-psíquico da situação problemática delineada, traumática e grave; 2. a reação biopsicoemocional do indivíduo; 3. o esforço de adaptação às novas condições; e 4. os meios de que dispõe para essa adaptação. O que nos causa a mais viva impressão é a desorganização temporária da personalidade do adolescente. Esse estado confusional pode conduzir o jovem a situações bastante diferentes, conforme o caso. Há os que reagem com uma superatividade que se destina a "aliviar" a tensão interna sentida, sem realmente apresentar qualquer "direcionamento ou motivação" nessa atividade. Outros reagem com uma apatia ou inércia, correspondentes a um estado depressivo, devido à frustração, deixando-se ficar, passivamente, dias e dias.

Um ponto significativo que devemos realçar é o fato de que as "crises existenciais" não podem ser consideradas mórbidas ou com características de psicopatias. São fatos normais que ocorrem na vida de qualquer pessoa, e somente a resposta emocional a tais fatos é que pode assumir, em certos casos, um caráter psicopatológico, testemunho da incapacidade desses indivíduos para uma adaptação adequada à crise existencial que atravessam.

## 3. *Resolução das crises*

A *resolução* de uma crise, acidental ou evolutiva, no adolescente, vai depender: 1. do *estado físico* do jovem, com sua reação adequada, seu biorritmo, suas interações hormonais e físico-químicas, etc.; 2. da *personalidade* íntegra ou transtornada que vai enfrentar a crise com os recursos de que dispõe; 3. os *característicos* das crises, cada qual com sua estrutura própria, em muitos casos inteiramente incontrolável e escapando à interferência humana; 4. o *aparelhamento da comunidade* para auxílio nas crises vitais, dispondo ou não de meios, como clubes de adolescentes, museus, áreas de lazer, vida cultural, hospitais, ambulatórios de saúde mental, orientação psicoterápica, etc., e que possam ser socialmente valiosos para o indivíduo em crise; e 5. finalmente, um *sistema funcionante de comunicação*, visando um melhor entrosamento entre os jovens e o ambiente social em que vivem.

## 4. Tipos de crises

As crises vitais mais freqüentes e que podem influir no equilíbrio mental do adolescente são: 1. *físicas* ou *orgânicas*, como as condições do parto, a infância, fatores genéticos, alimentação, enfermidades graves e crônicas da infância, enfermidades da puberdade (acne, obesidade, emagrecimento, reumatismo, diabete, problemas do crescimento e maturação); 2. *escolares*, como ingresso na escola, medo da escola (fobia escolar), dificuldades no estudo, abandono da escola (por interrupção, expulsão, formatura); 3. *familiares*, como ciúmes, rivalidades, competição, ansiedade de separação, lar desfeito (pais separados), situação edipiana, timidez, neurotização familiar, etc.; 4. *sexuais*, como masturbação, situação edipiana, manifestações homossexuais e heterossexuais, castidade, dúvidas sobre a própria masculinidade ou feminilidade, etc.; 5. *profissionais*, como seleção vocacional, primeiro emprego (ambiente, colegas, produtividade), transferências, promoções e demissões; 6. *mobilidade*, como mudanças: rua, bairro, cidade, estado, país; 7. *aumento das responsabilidades*, como casamento, maternidade ou paternidade, herança, promoção ascendente, chefia, sociedade na firma, etc.; 8. *psicossociais*, como consumo de drogas: álcool, maconha, cocaína, anfetaminas, etc.; delinqüência: fruto (cleptomania), mentira (mitomania), assalto sexual (curra), violência e agressividade; 9. *crises inevitáveis*: morte em família, cirurgia grave, acidentes (queimaduras, atropelamentos, mutilações, deformidades, etc.), enfermidades graves crônicas (cardiopatias, diabete juvenil, tuberculose, reumatismo infeccioso, meningite, câncer, etc.).

## 5. Reação às crises

A *reação* às crises, sejam maiores ou menores, pode diferir amplamente, de um adolescente para outro, não sendo raro que se observe uma resistência adequada a uma crise maior e um desmoronamento psíquico ante uma crise relativamente menor. Outro aspecto interessante no comportamento do adolescente, frente às crises vitais, consiste em que nem sempre elas constituem, obrigatoriamente, uma situação negativa ou ansiogênica. Pelo contrário, de repente, é a vitória conseguida e longamente ambicionada, a promoção ao cargo de chefia tão esperado, a aprovação no vestibular que abre as portas da Universidade, a conquista da namorada ou namorado, o noivado ou casamento marcados, o filho que vai nascer após tantos tratamentos, que se transformam em motivos de angústia, sofrimento e depressão. É o medo da responsabilidade que se faz sentir e desestrutura a personalidade do adolescente, e que transforma um fracasso ou derrota numa verdadeira sensação de alívio, de liberdade, de retirada de responsabilidade dos ombros.

E é esse medo da responsabilidade que transforma o motivo alegre do triunfo numa autêntica crise existencial que torna o adolescente tenso, triste e preocupado, em vez de se sentir feliz e compensado pelos esforços empenhados nessa vitória. A crise vital interrompe, transitoriamente, o funcionamento harmônico e rotineiro do comportamento habitual, criando turbilhões e soluções de continuidade, respostas psicoemocionais novas, problemas de adaptação e exigindo um tempo determinado para que se restabeleça a situação anterior à crise. Na realidade, essa situação anterior jamais será restabelecida, sempre haverá alterações, novas experiências e comportamento modificados em razão da crise vivenciada.

## 6. *Compensação das crises*

A *compensação* das crises vitais do adolescente depende da espécie de reação e adaptação que ele consegue diante delas. Essa reação e adaptação se colocam sob dois aspectos: 1. as frustrações sentidas com a crise existencial e consideradas dificilmente compensáveis; 2. a possibilidade de projetar essas duras frustrações sobre outra pessoa, responsabilizando-a e transformando-a em "vítima ou saco de pancadas" do adolescente. No primeiro aspecto, as frustrações permanecem no adolescente, podendo traumatizá-lo e levá-lo à neurose ou psicose. No segundo, são as pessoas do ambiente familiar, escolar ou social do jovem que recebem a agressividade e violência das frustrações sentidas.

O importante é que o adolescente encontre em si próprio ou no seu ambiente condições para elaborar e reorganizar sua estrutura mental, o equilíbrio de sua personalidade. O jovem em crise volta-se para seu meio, seus adultos significativos, seus colegas e amigos, procurando apoio moral e conforto. A crise existencial só poderá ser compensada através dos esforços impulsivos endógenos e exógenos da própria personalidade do adolescente. Finalmente, quando em crise, o adolescente torna-se extremamente dependente dos outros, familiares ou não; extremamente sugestionável, aceitando imposições, induções e seduções de estranhos e amigos, simultaneamente.

É nesse momento que necessita de nosso apoio e orientação, inclusive encaminhando-o a uma psicoterapia, evitando que se torne vítima de pessoas mal-intencionadas e interessadas em se aproveitar e envolver o adolescente despreparado e exposto, em situações complicadas como o homossexualismo, a prostituição, o álcool e drogas e a delinqüência.

CAPÍTULO 5

# FORMAÇÃO DE UM PROJETO DE VIDA



## *1. Estudo*

Com o advento da puberdade e adolescência, novas situações e interesses deparam-se ao jovem. Tais interesses estão relacionados ao grupo social do adolescente. São por esse motivo sempre considerados como forças de interesses sociais.

Na escola o adolescente sente novas responsabilidades e recebe novos direitos (ENGLISH e PEARSON). Desenvolve relações diferentes com os colegas, os professores e, em função deles, com o lar e a comunidade.

O estudante adolescente sente-se como nova força da comunidade e procura desempenhar-se à altura dessas obrigações adquiridas.

Procura identificar-se aos colegas e, no entanto, sente-se inteiramente diferente deles. Aspira igualar-se aos professores e é assaltado por dúvidas e angústias referentes às possibilidades de êxito ou insuficiência. Necessita, acima de tudo, provar a si próprio e aos outros sua originalidade, valor próprio, capacidade e habilidade para vencer.

Esforça-se, estuda, desenvolve determinado assunto, brilha em certas matérias, aplica-se em esportes, oratória ou maratonas intelectuais. Em alguma coisa há de ser o primeiro ou, pelo menos, bastante respeitado. Isto vem satisfazer a necessidade psicológica primordial, qual seja a de se destacar, de impor a própria personalidade, reafirmar a individualidade.

A *co-educação* amplia os horizontes do adolescente. O contato com adolescentes de outro sexo desenvolve-lhe o desembaraço, uma atividade afetiva mais livre e natural, isenta da dolorosa autoconsciência daqueles que não tiveram o necessário contato, nem a convivência que gera a naturalidade das relações sociais com o sexo oposto. Não cremos que ainda haja defensores do ensino unissexual, de segregação dos rapazes e moças, seja qual for o pretexto invocado.

Torna-se necessário que rapazes e moças aprendam a trabalhar lado a lado, sem a evocação constante de emoções sexuais. Um ajustamento dessa natureza tornar-se-á muito mais difícil quando se estabelece a segregação de meninos e meninas nos trabalhos escolares.

As relações entre o professor e adolescentes são muito mais complexas e cheias de óbices do que com as crianças. Nessas relações dos escolares adolescentes encontramos identificação, "paixonites", despeito e ciúmes do professor, e sentimentos de depressão e exaltação por parte do adolescente.

O adolescente encara o professor como alguém que sabe mais, conhece as soluções dos problemas, e é capaz de enunciá-las. Essa atitude do jovem pode traduzir-se mentalmente como estimulante ou deprimente. Pode animar o jovem a estudar, a aplicar-se com rigor e severidade à conquista da matéria, como também pode deprimir e abater o ânimo do estudante que passa a desinteressar-se pelo assunto. Predomina nesse caso a antipatia que o estudante sente pelo professor, englobando nessa atitude sentimentos de insuficiência, inferioridade e suposta incapacidade perante o brilho do mestre.

As *penalidades* escolares devem igualmente merecer toda a consideração, quando se trata de estudantes adolescentes. Os jovens parecem sofrer, devendo o assunto ser cuidadosamente estudado. Devemos evitar a todo custo as conseqüências emocionais que os castigos parecem acarretar ao adolescente.

WOLFF cita, a propósito, que estudantes seus, universitários, lembravam-se muito melhor das matérias em que haviam tirado boas notas, do que daquelas em que haviam falhado ou feito provas disciplinares: oral, 2ª chamada, 2ª época, etc.

Contudo, diremos, ainda, que o jovem com a sensibilidade exagerada e fácil ressentimento que o caracterizam pode considerar a punição como agressão pessoal destinada a inferiorizá-lo perante si mesmo e os outros. As conseqüências dessa atitude do jovem são absolutamente imprevisíveis, podendo levar a profunda depressão (por sentir-se injustiçado), ao desinteresse completo pela escola e até mesmo ao afastamento dos trabalhos escolares, por definitivo.

## 2. *Mau aproveitamento escolar*

Quando surgem dificuldades e problemas na área de aproveitamento escolar, o adolescente é levado, quase sempre, em primeiro lugar, ao médico, na suposição de algum problema físico: olhos, ouvidos, anemia, etc. Em segundo lugar e só depois da opinião do clínico é que pensa em problemas psicoemocionais. A escola é importante para o adolescente e seus problemas escolares podem funcionar, psicossomaticamente, elaborando cefaléias, náuseas, pontadas, taquicardia, asma, erupções cutâneas, disenterias, dores gástricas, etc. Uma vez estabelecida a negatividade para qualquer causa orgânica, que possa ser responsabilizada pelos distúrbios físicos apresentados, podemos pensar em origens psicoemocionais. Todo adolescente escolar, antes de ser encaminhado ao psiquiatra ou orientador pedagógico, deverá ser submetido a exames de visão, audição, neurológico, de crescimento e maturação, inclusive a exclusão de qualquer infecção crônica.

Uma vivência traumatizante sofrida pelo adolescente com um professor neurótico, irônico ou sádico poderá ter graves conseqüências emocionais, projetadas sobre a escola e os trabalhos escolares. Muitas vezes, os fatos se passaram na infância ou meninice, mas é na adolescência que vamos encontrar os resultados desses traumas.

Algumas formas de ansiedade podem bloquear o rendimento intelectual do adolescente, inibindo-o e impedindo seu progresso escolar. Muitos jovens são capazes e conhecem as matérias, porém falham por algum motivo: sentimento de culpa, medo de vitórias, receio de maior responsabilidade (de continuar vencendo). Em alguns jovens, percebemos o temor da expansão, de crescimento intelectual, de falta de confiança em si mesmos e no seu rendimento escolar. Não se esforçam por achar-se incompetentes e preferem nem tentar.

A situação edipiana é responsabilizada em alguns casos de má escolaridade: os dos adolescentes passivos que temem crescer e ser como o pai, ou sentem que não podem competir com ele; as jovens que também não querem agradar suas mães coagentes e dominadoras ou se identificar com elas, e, através do mau aproveitamento escolar, conseguem seu objetivo.

A má escolaridade do adolescente pode, ainda em outros casos, ser devida a uma deficiência mental que, já diagnosticada e avaliada anteriormente, pode interferir dos 16 aos 18 anos de idade. Os pais, em geral, não deixam de nutrir esperanças de melhora, confiantes no progresso científico, novos métodos de terapia, etc. Todas as perguntas ansiosas que fazem ao médico giram em torno das "probabilidades futuras" do adolescente, quando nosso verdadeiro objetivo deve ser a avaliação das possibilidades "agora" do adolescente deficiente mental.

De acordo com THOM, as principais causas do mau aproveitamento escolar do adolescente são as seguintes:

1. Mau preparo nos anos escolares antecedentes.
2. Precipitação dos pais em fazerem as crianças entrar na escola primária com menos idade e, portanto, não poder enfrentar o ensino do 1º ciclo com eficiência.
3. Moléstias ou defeitos físicos, obrigando a criança a faltar em muitas aulas.
4. Transferências repetidas de escola a escola, por motivo de viagem, profissão dos pais (militares, diplomatas, jornalistas, etc.) ou mudança de casa.
5. Incapacidade de concentração no trabalho escolar, causada por excesso de atividades extracurriculares, que roubam o tempo necessário ao exercício dos deveres escolares.
6. Ocupação ou interesse com outros assuntos, como atletismo, teatro, ou mesmo namoro.
7. Falta de interesse nos assuntos escolares, por não haver motivação. O adolescente, ao invés de estudar, lê ou trabalha em outros setores que não trazem vantagens ao progresso escolar.
8. Problemas emocionais: sentimentos de que os trabalhos escolares são difíceis demais; insistência neurótica de pais que procuram dessa maneira compensar sua própria insuficiência escolar; pais excessivamente ambiciosos ou perfeccionistas.
9. Em certos casos, o jovem pode estabelecer para si mesmo objetivos tão elevados e difíceis que se torne impossível no momento realizá-los. Isto lhe produzirá sentimentos de frustração e insuficiência, que determinarão mau aproveitamento escolar.

A essas causas podemos acrescentar outras igualmente importantes:

10. Há jovens que, embora não apresentem um retardo mental (pois esses geralmente não chegam ao 1º ciclo, tendo estacionado antes), têm, contudo, uma inteligência menos aguda e que não lhes permite absorver os ensinamentos do curso, ao lado de outros adolescentes. Essas crianças permanecem na escola a rogo ou por ameaça dos pais e, geralmente, se sentem infelizes, deprimidas, envergonhadas, não sendo raras as eventualidades de tentativa de suicídio. Muitas vezes uma medida simples como a transferência do 1º ciclo para curso comercial resolve a incapacidade do aproveitamento escolar.

11. A indiferença ou ignorância dos pais quanto à tendência vocacional dos filhos, fazendo, por exemplo, estudar comércio uma criança com nítida inclinação musical.

12. A preocupação com a situação econômica da família pode prejudicar o bom aproveitamento escolar. O jovem sente-se como uma carga no orçamento de casa, procurando com isso trabalhar nas horas vagas, dedicando, pois, menos tempo ao estudo.

13. A falta de popularidade entre os colegas pode acabrunhar de tal forma o jovem, a ponto de perturbar-lhe os estudos. O adolescente que não se considera aceito e estimado pelos colegas (seja pela cor, credo, religioso ou político, ou por discriminação racial) sente que a posição na escola não oferece estímulo ou segurança para seu desenvolvimento intelectual necessário. Essa situação pode acarretar distúrbios emocionais graves, inclusive a recusa terminante de voltar à escola. Em outros casos, no entanto, essa impopularidade estimula imensamente o jovem a brilhar nos estudos, sobressaindo-se dessa forma perante os colegas.

14. A recreação social, longas horas de divertimento, atividades extracurriculares, "paixonites", todas essas atividades podem interferir no bom aproveitamento escolar, devendo ser orientadas com bom senso e justiça.

15. Em muitos casos, o *ambiente escolar* pode desajustar o adolescente. Isso sucede quando os pais matriculam os filhos em escolas de exigências econômicas elevadas e onde o adolescente entre em contato com outros de nível social e econômico diferente dos dele.

O adolescente nessas escolas passa a pertencer a um "grupo" de ambiente diferente do próprio e que só pode acompanhar com dificuldades de toda sorte.

Faltam-lhe possibilidades financeiras para nivelar-se aos colegas. Os pais procuram, na medida do possível, enfrentar as despesas da escola. A situação do adolescente é delicada, sentindo-se ele frustrado perante os colegas.

Necessita então compensar o desapontamento. Ou falseia a verdade, inventando situações inexatas a respeito de si mesmo e dos seus, ou abandona os estudos para trabalhar e assim poder continuar matriculado.

Trabalhando para se manter, dificilmente consegue apresentar o mesmo interesse e aproveitamento escolar. O sacrifício dos pais pesa-lhe nos ombros e o ambiente inadequado excita-lhe a sensação de inferioridade.

Para "pertencer ao grupinho", o adolescente esquece as capacidades, voltando-se inclusive contra o próprio ambiente familiar. Envergonha-se da casa em que mora, da cultura e maneiras simples dos pais. Não se atreve a trazer amigos para a casa modesta.

Essa situação psicoemocional grave pode acarretar até mesmo a delinqüência (roubo, associações suspeitas para ganhos fáceis, negócios ilícitos e escusos, etc.) e, em muitos casos, o abandono também das aulas, por sentimento de insuficiência moral para enfrentar os traumatismos sociais que a escola impõe.

Sobre tais situações deveriam refletir aqueles pais e responsáveis pelo adolescente que, levados pela vaidade ou procura de prestígio social, acarretam aos filhos sofrimentos morais e desajustamentos psicossociais.

Em conclusão: muitos dos problemas escolares do adolescente poderiam ser prevenidos se mais esforços fossem feitos pelos responsáveis, pais de um lado e professores do outro, em conseguir para o adolescente um entrosamento maior de casa, escola e comunidade. As atividades extracurriculares, prolongando as horas em contato com a escola, tornando-a mais do que simples abrigo de algumas horas de transmissão de conhecimentos, poderiam dar à escola o aspecto de "prolongamento do lar e ante-sala da comunidade".

## 3. *Trabalho*

Além dos problemas escolares, outros problemas de ordem social agitam a existência do adolescente. São os problemas de vocação, religiosos e políticos. Mais tarde ainda, os projetos matrimoniais e a integração na vida social do grupo a que pertence.

A escolha de uma vocação representa sempre passo importante na vida do adolescente, passo do qual dependerá, muitas vezes, a aquisição da maturidade e a integração normal na vida social.

Segundo STEVENSON há algumas *diferenças entre a escola e o trabalho*, no que se refere ao adolescente. Tais diferenças podem ser assim tabeladas:

## NA ESCOLA

1. O adolescente gasta, aproximadamente, 27 horas semanais nos bancos escolares ou nos esportes e jogos.
2. Cada tarefa não dura mais de 50 minutos e há muitos intervalos e descansos.
3. O adolescente dispõe da orientação paternal ou maternal – do professor. Os deveres são graduados.
4. A alimentação é melhor e o tempo de refeição mais amplo.
5. Na escola, o jovem aprende e recebe louvores e prêmios.

## NO TRABALHO

1. O adolescente gasta, no mínimo, 44 horas por semana.
2. O trabalho exige, freqüentemente, uma posição igual, forçada e incômoda por longos períodos. As tarefas duram 3 ou 4 horas a fio.
3. Na indústria, o adolescente faz parte da equipe que tem produção predeterminada e fixa. O trabalho é considerado "capacidade produtiva".
4. Na indústria, o jovem almoça, muitas vezes, um lanche frio.
5. Na indústria, em troca do seu trabalho, o jovem recebe um *ordenado* fixo. É uma nova situação, que traz alegrias e aborrecimentos, uma vez que logo o adolescente achará o ordenado insuficiente para suas capacidades.

A passagem da escola para o trabalho exige reflexão e cuidado, pela gravidade e natureza das conseqüências psicoemocionais acarretadas ao adolescente.

A escolha de profissão ou carreira representa, sem dúvida, um dos passos mais sérios e decisivos na vida do jovem, seja moça ou rapaz.

Nesse assunto, costumam interferir os adultos que geralmente desejam escolher as profissões dos filhos. Com grande freqüência, escolhem as carreiras que inconscientemente desejariam ter seguido, desprezando e ignorando por completo os reais talentos e aptidões do adolescente.

Para aceitar uma profissão qualquer, devem tanto os jovens como os pais tomar cuidados excessivos e usar de bastante calma, deixando mesmo passar tempo para meditar o assunto com o jovem, não de uma vez só e sim em várias oportunidades.

Uma carreira ou profissão significam algo muito profundo e psicologicamente importante para o jovem. Trata-se de empenhar as energias físicas e afetivas numa ocupação que deverá contribuir para sua satisfação psíquica, bem-estar material e progresso e estímulo social.

Ao considerar a carreira, deve o jovem meditar sobre os seguintes fatores:

1. *Aumentar o conhecimento de si mesmo*

Para isso deverá responder *com toda a sinceridade* às seguintes perguntas: Prefere trabalho físico ou mental? Gosta de trabalhar sozinho ou ao lado de outras pessoas? Prefere liderar ou submeter-se às ordens dos outros? Gosta de minúcias ou é impaciente?

2. *Obter a maioria de conhecimentos a respeito da profissão que parece interessá-lo*

Não pretenda atirar-se de olhos fechados a uma carreira que parece ser interessante. Antes de decidir-se, procure saber o mais possível, através de folhetos, livros, artigos, seções especializadas, conferências, cursos, entrevistas com professores, orientadores, conselheiros, e principalmente de pessoas que abraçam a mesma profissão.

3. *Juntar os dois fatores*

Nesse momento, o adolescente analisará em conjunto ambos os fatores, de maneira a encarar a carreira e a si mesmo como um todo.

De maneira toda especial, deverá considerar se aquilo que pretende fazer satisfará seus impulsos de progresso, conforto e realização de suas capacidades.

Um dos meios modernos mais utilizados atualmente consiste na aplicação dos TESTES DE SELEÇÃO VOCACIONAL aos jovens, logo após sua formatura no 1º ciclo.

Com isso, evitamos não só enganos do próprio adolescente, atraído por essa ou aquela atividade numa fascinação momentânea, dispendiosa e quase sempre fugaz, como ainda as opiniões dos pais, parentes e outros interessados na carreira do jovem.

Os testes de seleção vocacional, tal como foi estabelecido pelo Instituto Nacional de Psicologia Industrial da Inglaterra, obedecem aos seguintes princípios:

1. Conhecimento das circunstâncias especiais do indivíduo (financeiras, sociais, geográficas, etc.).
2. Características físicas (especialmente deficiências de importância ocupacional e certas características especiais, como agilidade de comportamento, aparência atraente, cuidado com o vestuário e tonalidade de voz).
3. Realizações (no trabalho, jogo e outras atividades sociais).
4. Inteligência geral.
5. Aptidões especiais (habilidade manual, mecânica, numérica, para desenho e música).
6. Interesses (atividades intelectuais, práticas e sociais).

7. Disposição (indicada particularmente pelas atitudes para consigo mesmo, para com os outros e para com o trabalho).

Entre nós, realiza trabalhos de seleção vocacional o SENAI (Serviço Nacional de Aprendizagem Industrial), além de outras entidades especializadas.

Os testes de orientação vocacional constroem um tipo ou perfil de habilidades e qualidades individuais, que indicam as inclinações dos jovens. É a forma racional da escolha do tipo de trabalho a que o adolescente pode dedicar-se com maior probabilidade de êxito.

A seleção vocacional significa para o jovem necessidade básica na definição de sua personalidade. Não pode sujeitar-se ao desejo ou capricho dos pais ou interessados que procurem fazê-lo adotar pontos de vista que lhe são alheios.

Na realização do teste de seleção vocacional definem-se as reais aptidões e verdadeira capacidade do jovem para determinadas profissões, as quais, se abraçadas pelo jovem, poderão dar-lhe futuramente uma satisfação psicológica profunda, bem como a sensação de realização da própria personalidade no trabalho a que se dedicarem.

A antiga suposição de que o filho ou filha deveriam "seguir a carreira do pai" está hoje inteiramente abandonada e só mesmo pais muito indiferentes ou negligentes poderiam tentar impor aos filhos a profissão ou carreira que eles mesmos adotaram, sem primeiro consultar as habilidades do jovem através do teste de seleção vocacional.

O mundo, para o jovem, divide-se em dois grupos: os que trabalham e os que não trabalham. Com uma boa formação moral e social o jovem prefere pertencer ao primeiro grupo. Prefere trabalhar.

O trabalho fornece ao jovem, rapaz ou menina, poderes para adquirir os objetos de que necessita, quer se trate de bicicletas, livros, cremes ou artigos de beleza e que lhe conferem maior prestígio social. Ao mesmo tempo, estimula no jovem a própria valorização.

É necessário contudo que o jovem seja protegido no seu trabalho contra:

1. *acidentes físicos*, pela falta de medidas de segurança no trabalho.

O advento de um acidente não deve implicar somente cuidados médicos imediatos e contínuos até o completo restabelecimento do acidentado, mas exige ainda a atenção do médico da fábrica, do chefe do pessoal e do psicólogo industrial, para que se apurem as causas psicológicas que o motivaram.

Sabe-se, hoje, que há pessoas particularmente propensas aos acidentes. A sua identificação e as medidas profiláticas postas em prática podem evitar muitos infortúnios.

2. *desajustamentos sociais*

a) frustração por salário inadequado
b) mau ambiente de trabalho compreendendo:
colegas irônicos ou superiores
nível cultural baixo
trabalho físico excessivo
trabalho intelectual excessivo
c) idéias políticas exóticas
d) desrespeito à religião
e) dificuldades de alimentação
f) dificuldades de transporte
g) sentimentos de ansiedade, expectativa, tensão emocional, insegurança perante o futuro

3. *desajustes sexuais,* em que o adolescente entra em contato com colegas de serviço mais idosos e mais espertos, que se encarregam de "orientálo" e "esclarecê-lo" de uma forma crua e brutal, causando ao adolescente horror e asco por não estar preparado para encontrar o cinismo e a perversão sexual dos mais velhos.

A defesa contra os acidentes físicos vem sendo acentuada pelas leis trabalhistas, bem como a dos salários.

A proteção de outros desajustes sociais e sexuais cabe, sobretudo, aos líderes dos adolescentes, que trabalham, e que devem dedicar esforços no sentido de uma profilaxia intensa contra os desajustamentos no setor em que se encontrem (sexual, político, social, religioso, etc.).

As indústrias modernas proporcionam ao adolescente todas as satisfações possíveis, com refeitórios amplos e dietas cientificamente equilibradas, recreações sociais e esportivas, bibliotecas, cursos de supervisão, oratória, leis trabalhistas, etc.

## *4. Religião*

O adolescente atravessa habitualmente uma fase de intenso misticismo.

A criança recebe dos pais a formação religiosa e com base nas idéias formadas e conceitos religiosos absorvidos o adolescente procura firmar as opiniões e manter a fé.

A adolescência representa, ainda, uma encruzilhada e prova para a religião que foi adotada na infância. Frente à vida social, sua fé pode consolidar-se e em certos casos absorver excessivamente o adolescente, que acaba por se dedicar exclusivamente à religião. Há casos mesmo de desistência da vida profana, seguindo o adolescente sua pronunciada tendência mística no convento ou seminário.

Alguns autores chegam a considerar a adolescência como a "idade da conversão".

Em outros casos, entretanto, por não terem sido firmes os fundamentos da fé transmitidos em casa ou na educação religiosa, o adolescente se vê a braços com a dúvida, a insegurança, a pesquisa e a especulação em torno de problemas religiosos.

Essa situação gera conceitos e pontos de vista tão profundamente opostos aos inicialmente adquiridos pelo jovem que podem surgir graves conflitos emocionais, em que a fé se veja abalada a ponto de causar a desconfiança nos princípios religiosos, a descrença e o abandono do conforto moral da religião.

No setor religioso, necessita o adolescente da orientação esclarecida, amiga e bondosa dos pais, dos líderes religiosos esclarecidos ou dos professores que souberem conquistar a confiança e a amizade do adolescente.

Com a intolerância própria da idade, o adolescente só toma atitudes extremadas. Ou se torna materialista intratável ou piedoso ao extremo. Por esse motivo é que a orientação nessa idade é mais necessária e útil, pois constitui apoio inestimável para os problemas que todo jovem atravessa.

## 5. *Política*

Material facilmente impressionável, sensível ao extremo, ávido por identificações, o adolescente constitui presa fácil das emoções políticas. O entusiasmo do adolescente, sua ingenuidade, seu interesse por todas as causas, especialmente as extremas, eis com que contam os políticos no trabalho de angariar adeptos.

As divergências políticas do adolescente com os pontos de vista adotados em casa não passam, na maioria dos casos, de oportunidades que o adolescente encontra para impor a independência de suas opiniões e gostos políticos.

É preciso que pais e professores tenham implantado uma fé profundamente democrática nos filhos e escolares, para que estes possam resistir à atração das sereias políticas, das correntes tão desencontradas e confusas que agitam o mundo atual.

Importante é respeitar o ponto de vista do adolescente e não deixar de considerar suas opiniões e razões. É dever precípuo de quem esteja esclarecendo o jovem fazê-lo perceber que, na política, não existem absolutos, nem intransigências e que devemos encarar todas as opiniões ou situações sociais como sendo compostas de inúmeras variáveis que escapam a fórmulas rígidas, teoricamente concebidas.

## 6. *Namoro e noivado*

Prosseguindo na adaptação social, o adolescente passa a interessar-se na constituição de família, um grupo social idêntico aos grupos em que vive e que formam a sociedade a que pertence.

O namoro, noivado e casamento são situações importantes na vida do adolescente.

No período de namoro e, mais tarde, durante o de compromisso oficializado ou noivado, os jovens têm oportunidade de se conhecer melhor, de conhecer as famílias, discutir problemas que necessitem ajustamento e planejar o futuro.

O problema imediato refere-se aos *carinhos e agrados físicos (petting* dos norte-americanos) entre noivos e namorados.

Essas excitações sexuais, levadas até certo ponto, podem acarretar conseqüências de natureza física e social, relacionadas à gravidez extra-matrimonial e aos problemas sociais que essa situação acarreta.

O noivado deverá ser estendido até que os jovens possam ter uma idéia concreta de suas personalidades, sendo indesejáveis os noivados prolongados anos a fio.

Nesse caso, o estímulo sexual é grande, prejudicando os noivos pela frustração que experimentam em não realizar o objetivo dessas excitações e que seria a relação sexual normal.

Alguns dos problemas relacionados aos agrados e carinhos no período do namoro e noivado dizem respeito à atração física entre os jovens e à excitação das *áreas erógenas* (seios, lábios, língua, órgãos genitais, etc.).

Certos assuntos *devem ser discutidos entre os jovens noivos,* porque dizem respeito ao seu futuro ajuste conjugal e familiar. Assim:

1. as expectativas de cada um, relativamente ao casamento.
2. o tipo de lar que cada um deseja.
3. os traços hereditários das respectivas famílias.
4. se a esposa deverá trabalhar ou não depois de casados.
5. a maneira de lidar com o orçamento financeiro.
6. o número de crianças desejado.
7. o problema dos parentes e como resolvê-lo.
8. a atitude mútua relativamente ao ajuste sexual.
9. os interesses sociais fora do lar (cursos, festas, passeios, etc.).
10. o tipo de educação a ser dada aos filhos.

## 7. *Casamento*

O ajuste sexual do indivíduo pode ser feito de várias maneiras, enumeradas por EVERETT pela ordem decrescente de importância, em função da satisfação para o indivíduo e para a sociedade.

1. Casamento muito feliz,
2. Casamento moderadamente feliz,
3. Abstinência sexual,
4. Ligações sexuais mútuas temporárias,
5. Auto-erotismo (masturbação),
6. Casamento infeliz e
7. Prostituição.

Como vemos, EVERETT considera o casamento infeliz como um dos níveis mais baixos do ajuste sexual, ao qual se segue imediatamente a prostituição.

Em compensação, a abstinência sexual ocupa uma posição elevada no ajuste sexual humano. Não endossamos os pontos de vista do professor EVERETT porque são discutíveis e apenas citamos a classificação como interessante do ponto de vista didático.

Sem dúvida, o casamento muito feliz e a prostituição constituem os pontos extremos do ajuste sexual do indivíduo.

Na estabilidade conjugal torna-se fundamental a satisfação mútua das necessidades psicoemocionais básicas de cada cônjuge a nível psíquico profundo.

Os fatores que condicionam essa estabilidade devem ser analisados:

1. Fatores para um casamento ajustado.
2. Fatores na escolha dos cônjuges.

Alguns desses fatores são básicos; outros são secundários; todos porém deverão ser devidamente considerados, pois todos concorrem em grau maior ou menor, porém, conjuntamente, para a harmonia e ajuste do casal.

Tais fatores são os seguintes:

1. *Atração física*

Um belo rostinho ou um físico agradável encontram-se quase sempre no fundo inconsciente da simpatia ou agrado que une os jovens de sexo oposto. Pode não ser totalmente a beleza física ou o sentimento estético ideal, porém a jovem ou o rapaz sempre sentirão que "algo" exerce uma atração irresistível, ainda que esse "algo" seja inteiramente indiferente aos outros.

Ouvimos com freqüência o adolescente referir-se a um "quê" da namorada (maneira de falar, de levantar as pálpebras, de dançar, de andar, ou mesmo uma minúcia física como o dente da frente, o cabelo, os dedos das mãos, etc.). A jovem diz que se sente atraída pelo rapaz por seus olhos tão bonitos, ainda que nem o pai nem a mãe vejam algo de extraordinário nos globos oculares do escolhido, ou nas maneiras especiais da namorada do rapaz.

Não existe no caso obrigatoriamente noção consciente. Pelo contrário, o sentimento de atração é freqüentemente ancorado inconsciente e profundamente no psiquismo. Sua existência age como base de compreensão e afinidade que se estabelecem, por vezes, desde o início, justificando assim o tão famoso "amor à primeira vista" ou "o impacto absoluto do amor" que é tão do agrado de nossos novelistas e argumentistas de cinema.

2. *Ajuste mental e intelectual*

A atração física, embora seja poderoso e invencível fator na aproximação dos jovens, não persiste como fator único. Conhecendo-se, muitos jovens que apreciavam fisicamente um ao outro se desapontam após conversarem, o que demonstra a importância do ajuste mental e intelectual.

E há razões fortes para que isso aconteça.

O estado físico não é permanente. A sensação de agrado, baseada apenas no aspecto físico, se vai dissipando com o tempo, se não houver a ampará-la o interesse intelectual, o ajuste mental e psíquico.

O ajuste mental e intelectual predispõe aos mesmos interesses, à compreensão dos assuntos, à afinidade nos gostos, nas opiniões, nas atitudes adotadas.

Jovens que se sentem atraídos fisicamente, porém sentem a diferença de níveis mentais e intelectuais, correm o risco de antagonizar em assuntos de interesse mútuo, estabelecendo-se entre eles uma distância psicológica que prejudicará seu futuro ajuste matrimonial.

As freqüentes discussões entre os namorados são às vezes indício dessa falta de ajuste intelectual e são mais facilmente perceptíveis pelos pais dos interessados do que pelos próprios.

A secreta esperança que nutre o jovem ou a jovem de conseguir depois reformar o outro, fazendo com que adote novos pontos de vista ou reconheça os erros ou falsidades de opiniões, freqüentemente não se realiza, passando o casal a viver em grande sofrimento moral.

Nesse particular, reconhecemos a sabedoria da observação dos pais que mais facilmente identificam a falta de ajuste entre os dois jovens, procurando aconselhá-los, no que nem sempre conseguem muito sucesso.

3. *Grau de maturidade*

A maturidade confere aos jovens noções de responsabilidade e compromisso perante os adultos, a cuja classe porfiam por pertencer.

Os jovens raramente dão a necessária importância ao fato de ser preciso certo grau de maturidade para que possam casar-se. Jovens que se casam sem ter desenvolvido a maturidade são indecisos e inadequados nas atitudes e infantis na conduta.

Às vezes sucede que infelizmente um dos cônjuges é mais amadurecido que o outro. Se for o marido, a esposa passará a ser considerada irresponsável, uma criança, o que trará uma série infindável de aborrecimentos e discussões domésticas.

Nos casos em que o rapaz é imaturo, a esposa tem que assumir o duplo papel de esposa e mãe, corrigindo assim as deficiências de amadurecimento do esposo.

Como os jovens não prevêem que um terá de cuidar do outro como se fosse criança, é fácil de imaginar os transtornos que essa situação pode causar.

Tanto o jovem como a jovem devem levar em consideração o grau de maturidade do outro, para que possam realizar no casamento um ajuste perfeito e duradouro.

4. *Problemas econômicos*

Embora no casamento por amor raramente haja comentários em torno do problema econômico, não consideramos acertada essa atitude.

As condições econômicas, por serem básicas na formação do futuro lar, não podem ser ignoradas ou tratadas superficialmente. Há necessidade de contar com um lar estável economicamente, seguro no orçamento mensal.

Talvez, inicialmente, as dificuldades econômicas sejam encaradas com bom humor e animação. Depois de certo tempo, porém, essas dificuldades pesarão no ajuste psicoemocional do casal. As contrariedades nascidas da privação forçada de roupas, alimentos e recreação vão elevando progressivamente a tensão psicoemocional do ambiente doméstico, acarretando atritos e discussões amargas e nocivas à persistência da felicidade.

Não advogamos o ponto de vista de que somente boas condições econômicas tragam felicidade ao casal, mas é inegável a influência que tais condições exercem na permanência das boas relações humanas dentro do lar.

Devemos também lembrar que condições financeiras difíceis podem obrigar o jovem casal a adotar medidas que lhes são antipáticas e com que não contavam, como ir morar com parentes ou ser a esposa obrigada a trabalhar também.

Essas novas condições inesperadas e desagradáveis concorrem, ainda mais, para o desajuste matrimonial, realçando a significação dos fatores econômicos no casamento feliz.

5. *Problemas religiosos*

Sendo a religião uma atividade psíquica peculiar à personalidade de cada um, nada contribui melhor para um casamento adequado que a concordância quanto aos pontos de vista religiosos.

Tal situação evitará futuros desajustamentos, particularmente no que se refere à educação dos filhos. Muitos conflitos surgem quando os pais, professando religiões diferentes ou sendo um religioso e o outro não, procuram educar religiosamente os filhos.

Esse ponto merece atenção especial, devendo ser estabelecido um *modus vivendi,* quando os cônjuges não pertencem à mesma religião.

6. *Problemas culturais*

É necessário que os futuros cônjuges participem das mesmas necessidades culturais, tenham interesses intelectuais mútuos, a fim de que não haja diferenças ou antagonismos quanto a leitura, instrução, freqüência a cursos, etc.

A união de pessoas de interesses intelectuais diferentes encerra grande perigo, pelo afastamento mental que essas diferenças acarretam.

7. *Problemas sociais*

O mesmo podemos dizer das necessidades sociais dos futuros cônjuges. Se um é socialmente adaptado e gosta de reuniões, trabalho social, direção de grupos, atividades artísticas e participação de recreações, e o outro, pelo contrário, é avesso a tais ocupações, desenvolve-se entre ambos situação de mal-estar psicológico e clima de antagonismo perigoso à felicidade conjugal.

8. *Respeito pelo trabalho e valor pessoal do cônjuge*

Os cônjuges devem reconhecer e apreciar o trabalho de cada um deles, estimulando-se e prestigiando-se mutuamente. Dessa maneira estarão lançadas as bases de reconhecimento mútuo, de grande significado na vida conjugal.

A crítica destrutiva, a ironia e a desvalorização que um cônjuge possa fazer do trabalho e da personalidade do outro, as acusações de inépcia e incapacidade indicam, muitas vezes, antagonismo profundo baseado em conceitos de trabalho, prestígio e valor pessoal diferentes para um e outro cônjuge.

9. *Confiança mútua*

No casamento nem sempre haverá facilidades. Podem apresentar-se situações difíceis, momentos de depressão e infelicidade, em que se tornará indispensável a confiança que cada cônjuge deposita no outro e o encorajamento necessário para vencer as dificuldades.

A confiança mútua baseia-se no amor, estima e no reconhecimento do valor inerente da personalidade do companheiro conjugal.

10. *Saúde física e mental*

A saúde física deve ser considerada, no casamento, também como elemento básico. O cônjuge doente causa dificuldades, torna o outro cônjuge isolado socialmente e, de modo geral, impede boa adaptação inicial na vida em comum.

Da mesma forma a saúde mental é indispensável para garantir aos cônjuges vida satisfatória nas emoções, sentimentos e atitudes.

Por isso aconselha-se aos jovens que façam antes do casamento exames pré-nupciais e testes de personalidade, além da observação das atitudes mútuas, que podem também trazer esclarecimentos sobre esses assuntos.

11. *Ajuste sexual*

Embora colocado no fim de nossa lista, o ajuste sexual na vida conjugal é de importância básica.

Tratando-se de jovens que não têm experiência pré-matrimonial (especialmente, entre nós, a moça), deve seguir-se ao casamento forçosamente uma fase de adaptação sexual.

Nessa fase entrarão como elementos decisivos o impulso sexual e as condições culturais de cada um.

Se no final dessa fase, a intensidade de satisfação (orgasmo) obtida nas relações sexuais não for satisfatória, teremos um desajuste sexual.

A fase de adaptação sexual após o casamento tem duração variável, dependendo da personalidade e educação sexual de cada cônjuge.

Muitos são os rapazes que se casam, sem mesmo ter conhecimento da existência de satisfação sexual ou orgasmo na moça e de que essa satisfação pode ser fator decisivo no bom ajustamento sexual conjugal.

Quando a mulher não atinge, nas relações sexuais, a satisfação completa ou orgasmo, pode tornar-se irritável, frustrada e com o tempo o ato sexual se lhe tornará cada vez mais indiferente, até chegar à frigidez sexual.

E essa frigidez acarretará maior desajuste sexual.

Na fase de adaptação sexual, geralmente, o esposo atinge o orgasmo rapidamente e a mulher mais lentamente, de modo que não há coordenação na terminação do ato sexual, deixando a mulher insatisfeita. Dependerá da atitude de interesse, compreensão e paciência do esposo a melhor adaptação da mulher nessa fase.

12. *Idade*

Segundo BERNARD, SORENSON e MALM, a idade ideal para o casamento seria o período entre 18 e 25 anos, sendo de interesse como fator de sucesso no trabalho e alívio de tensões emocionais.

## *8. Seleção do cônjuge*

Na seleção do cônjuge, os adolescentes se deixam influenciar muito pela "imagem dos pais": da mãe para o rapaz, e do pai para a mulher. É durante a infância, na situação edipiana, que o jovem e a jovem formam seu "modelo ideal e sonhado". O pai é o primeiro homem na vida da menina, como a mãe é a primeira mulher na vida do menino.

Semelhanças e diferenças nas imagens procuradas revelarão, de certa forma, se houve ou não superação da fase edipiana. Os adolescentes que guardaram os característicos positivos e a imagem de uma "mãe boa" irão procurar uma parceira de acordo com esse "modelo". Se os característicos tiverem sido negativos e a imagem a de uma "mãe má", vão se fixar numa parceira com qualidades exatamente opostas. O mesmo sucederá com as adolescentes em relação à imagem paterna.

Pais e mães podem interferir na superação da fase edipiana, impedindo-a de forma ativa. É o caso em que os pais se mostram excessivamente encantadores e sedutores para com os filhos adolescentes, atraindo-os para si e fazendo cenas de ciúmes e antagonismo contra os candidatos e candidatas a namoro dos jovens. Assim se explica que muitos adolescentes, moças e rapazes, permaneçam solteiros, fixados nas figuras paterna e materna, para as quais não encontram termo de comparação.

Num inquérito realizado por TERMAN (cit. em BIESTER) encontramos as seguintes considerações:

A. *Escolha de esposa*

Os homens preferem na futura esposa as seguintes características:

1. Uma atitude bondosa para com outras pessoas.

2. Que não se ofenda com facilidade, sabendo relevar coisas de menor importância.

3. Desinteresse relativo a respeito da opinião dos outros sobre sua pessoa; naturalmente não desinteresse total, porém não ficando inteiramente dependente do que "os outros vão pensar".

4. Aceitar as relações sociais sem sentir ciúmes dos amigos e do que possuem.

5. Cooperação com o esposo.

6. Saber aceitar o papel de subordinada. Há homens que não gostam das atitudes independentes da esposa.

7. Aceitar conselhos, não agindo sempre por conta própria.

8. Gostar das atividades de auxílio aos outros ou que sejam do agrado dos outros, isto é, que seja compassiva e prestimosa.

9. Ser cuidadosa em tudo que faz.

10. Controlar os gastos, revelando noção de enonomia.

11. Ser cuidadosa nas opiniões que emitir sobre religião, costumes ou política.

12. Revelar segurança e confiança em si mesma, nas suas atitudes.

13. Ser otimista, sempre estimulando, nos momentos de depressão, a possibilidade de uma melhoria.

B. *Escolha do esposo*

Por sua vez, as moças preferem no *futuro cônjuge* as seguintes qualidades:

1. Ser emocionalmente estável, mantendo as convicções sentimentais, sociais e pessoais.
2. Cooperação.
3. Não ser convencido.
4. Tomar a iniciativa e aceitar responsabilidades.
5. Dar atenção a minúcias no trabalho.
6. Dar preferência a pessoas de maneiras metódicas.
7. Ter cuidado com dinheiro e despesas.
8. Ter atitudes conservadoras, tanto em religião como em política, trabalho e afetividade.
9. Observar os costumes sociais e as convenções, sem críticas ou reformas.

Como vemos, as moças são menos exigentes do que os rapazes na escolha do cônjuge.

C. *Direitos e deveres dos cônjuges*

Os direitos e deveres mútuos dos cônjuges podem ser assim englobados:

*Econômicos*

É dever do cônjuge prover ao sustento do outro, referindo-se também à esposa, quando o marido estiver incapacitado para o trabalho.

*Religiosos*

Os cônjuges devem respeitar mutuamente as respectivas religiões, não se opondo à prática das mesmas.

*Educacionais*

Os cônjuges devem procurar educar-se mutuamente, não se opondo um deles ao aperfeiçoamento ou instrução cultural do outro.

*Recreacionais*

Os cônjuges têm direito à recreação como pausa no trabalho. A necessidade de recreação é de grande significação na manutenção da higiene mental do casamento feliz.

*Protetores*

Os cônjuges têm direito à proteção mútua, devendo se defender um ao outro, quando ameaçados ou em perigo.

Com a onda sempre crescente de desquites e separações de casais, é mais que evidente a necessidade de uma adequada orientação pré-nupcial. São inúmeros os problemas que aguardam o jovem casal, especialmente o mais importante de todos que é o grande desconhecimento físico, psíquico e social que um cônjuge tem do outro.

A orientação pré-nupcial feita por psiquiatra ou técnico em comportamento humano abordará os temas de amor, sexo, compreensão mútua e aceitação, além de respeito mútuo e realização de um parceiro através do outro. Ela não ensinará a conviver, mas dará a cada cônjuge os elementos necessários e suficientes para essa convivência.

CAPÍTULO 6

# MATURIDADE NA ADOLESCÊNCIA



o funcionamento normal dos órgãos; podemos referir-nos à *maturidade psicoemocional,* quando há equilíbrio das atitudes emocionais, amadure-

## 1. Setores da maturidade

Desde o nascimento, luta o homem por alcançar a maturidade, isto é, o desenvolvimento completo. Seja qual for a herança biológica ou a influência do meio ambiente, há no desenvolvimento humano *(físico, psicoemocional e social),* uma orientação definida no sentido do aperfeiçoamento.

Esse aperfeiçoamento, que corresponde ao período por nós denominado de "adulto", é procurado em todos os setores. Podemos falar em *maturidade física*, quando o indivíduo atinge pleno desenvolvimento físico, com

cimento psicológico correspondente à idade cronológica do indivíduo; e, finalmente, a *maturidade social* implica o reconhecimento e aceitação da responsabilidade social de cada ser humano, correspondente à confiança que nele deposita o grupo social de que faz parte.

Trata a maturidade de conceder ao indivíduo um estado de espírito físico, psíquico e social em que haja correspondência entre a situação cronológica, digamos a idade em que se encontra, e a situação psicoemocional. É condição muito desejada, pelos jovens especialmente, decorrente do desenvolvimento e indício seguro de amadurecimento.

A noção de maturidade dá sempre idéia de desenvolvimento e está condicionada a uma extensão de tempo limitada. Dizemos pois: maturidade correspondente a tal idade, com isso desejando restringir o conceito de maturidade dentro dos limites de idade do indivíduo.

No homem, a maturidade se processa através de 3 canais ou correntes paralelos e que em determinado momento da vida do indivíduo a caracterizam:

1. físico ou biológico
2. psicológico
3. social

Do ponto de vista físico, constatamos o crescimento e desenvolvimento do organismo desde o nascimento. A criança débil, prematura ou mal desenvolvida é aquela que dentro de determinada idade não preenche os requisitos físicos exigidos para aquela idade e considerados como possíveis para a grande maioria. Hoje conhecemos determinadas moléstias que mantêm certos órgãos em estado infantil, apesar do crescimento do organismo inteiro. Assim podemos encontrar ovários infantis ou rins que não se desenvolveram, que não atingiram a maturidade funcional.

Do ponto de vista *psicoemocional,* a energia psíquica partindo da organização instintiva (sistema instintivo) do recém-nascido atinge um estado de maturidade no adulto, desenvolvendo a inteligência, o raciocínio, a memória, os conceitos, etc., com estágios diversos correspondentes às várias idades.

Do ponto de vista *social,* encontramos a criança isolada no ambiente intra-uterino e desenvolvendo-se desde o nascimento para aproximação maior com o ambiente social. Toda maturidade social visa a este maior contato com o grupo humano, através do intercâmbio e co-participação no meio em que vivemos.

Devemos pois considerar o indivíduo um complexo *biopsicossocial,* sendo o conceito de maturidade diretamente relacionado com a maturidade biológica, psíquica e social. Qualquer falha na maturidade de um destes três setores ou canais implicará quebra de harmonia na completação da personalidade humana. Assim, por exemplo, a pessoa poderá atingir a maturidade física e psicológica, sendo contudo imatura no setor social, não participando ativamente da vida social, recusando-se mesmo ou adotando uma atitude anti-social.

É fundamental observar que a adolescência é uma fase de transição que só adquire sentido quando considerada à luz do que foram a infância e a meninice do indivíduo. São os fatores de influência vital, como o ambiente familiar, os adultos, as relações intrafamiliares (rígidas ou permissivas, superprotetoras ou prepotentes, perfeccionistas ou rejeitadoras) e, essencialmente, a influência dos chamados "adultos significativos", aqueles que, de uma ou outra maneira, agem poderosamente sobre a personalidade da criança e do jovem. Devemos acrescentar que os nossos "adultos significativos", pais, tios, irmãos mais velhos, amigos, professores, nossos heróis de identificação, continuam "funcionando" durante toda a vida, até depois de ausentes ou falecidos. Seus conselhos e comportamentos são "introjetados" em nossa personalidade, lá funcionando como fontes de informática, aconselhamento, imitação e óbvia identificação.

As relações intrafamiliares são válidas porque teremos um adolescente com menos dificuldades e maior capacidade de adaptação aos conflitos e frustrações, quando houve aceitação da personalidade na infância e meninice. No caso de rejeição, superdominação, superproteção, tirania e perfeccionismo, quando a criança é "colonizada" pelos adultos e coagida a comportamentos como eles determinam, teremos, certamente, jovens com problemas e conflitos.

As tarefas de ajustamento, amadurecimento e desenvolvimento do adolescente são complexas, uma vez que irão se processar nas áreas de crescimento físico, desenvolvimento, funcionamento dos órgãos, funções sexuais, aumento da capacidade de autodeterminação e independência, a integração ao grupo social. Apesar de toda pretensa atitude de independência e autonomia, o jovem necessita de conselhos e orientação dos adultos. Negar-lhe essa orientação seria adotar uma atitude de rejeição que é totalmente negativa e prejudicial ao jovem. Muitos adultos se aproveitam dessa situação de ambivalência afetiva (ora dependente, ora liberado) para impor uma pressão excessiva através de uma atitude de superindulgência. Outros utilizam os momentos de dependência para "provar" aos jovens que ainda não atingiram a maturidade, aumentando a insegurança e a confusão do adolescente.

## *2. Avaliação da maturidade*

A avaliação da maturação do jovem pode ser feita através de: 1. um critério de maturidade biológica, em que se consideram o crescimento e desenvolvimento biológicos; 2. um critério etário ou cronológico, no qual se observa a relação tempo-função; e 3. o critério de KUHLEN, que considera o indivíduo tanto mais adolescente e menos criança, quanto maior for seu empenho em fazer ajustamentos de ordem sexuais-sociais, vocacionais, ideológicos, de trabalho e emancipatórios. Ele será um pré-adolescente na medida em que adiar seu interesse por essas áreas e um adulto na medida em que for encontrando solução adequada de tais problemas e adaptada à própria personalidade.

Podemos concluir, portanto, que a alternativa de um adolescente se tornar um adulto maduro, autodeterminado, consciente e socialmente integrado ou um indivíduo dependente, inseguro, colonizado, frustrado e anti-social, irá depender: 1. de sua constituição genética, e 2. das influências a que foi sujeito pelos seus "adultos significativos" da família, escola e vizinhança.

O adolescente não atinge a maturidade de forma consistente e progressiva; ao contrário, a ansiedade induz uma gradação, essencialmente, irregular, em movimentos direcionados alternadamente, como num pêndulo. O jovem se livra da proteção infantil de que gozava, sem, contudo, adquirir, de imediato, a força e os privilégios do adulto. As realidades da vida adulta significam uma ameaça vaga e desconhecida. O medo de continuar criança impele o adolescente para a frente; o medo de assumir o estado adulto força-o a recuar. Assim dividido, a potência do desafio e da satisfação de se tornar adulto constitui uma coação poderosa e ativamente funcionante na maturação do jovem.

BERNARD destaca apenas a maturidade psicossocial, deixando quase de lado a física. A maturidade, diz ele, é uma forma de viver, filosofia, conduta, e só pode existir quando existe boa saúde mental.

Convém esclarecer, entretanto, que a maturidade não se limita ao estado adulto: em qualquer época da existência podemos falar em maturidade. Assim, a criança que anda com 1 ano de idade apresenta maturidade nesta função, indicando que suas fibras nervosas se desenvolveram normalmente.

O objetivo principal deve ser, contudo, atingir a *maturidade integral:* física, psicoemocional e social. Devemos notar que pode haver maturidade física e imaturidade psicoemocional, como no caso do indivíduo fisicamente desenvolvido, porém, de atitudes infantis e imaturas. Pode também haver, por outro lado, maturidade psicoemocional sem haver maturidade física: como no caso de precocidade psicoemocional, nas crianças com atitudes e emoções de adulto.

Devemos realçar neste ponto que a criança é considerada *imatura,* por exemplo, *não quando não se comporta como adulto* e, sim, quando não tem conduta correspondente à sua idade. A criança não deve comportar-se como adulto. Sua maturidade está relacionada à idade cronológica.

RENNIE e WOODWARD citam outras definições de maturidade: a de SELEKMAN, por exemplo, que diz: "A pessoa emocionalmente matura é aquela que aceita fatos desagradáveis, seja qual for sua origem, na qualidade de situações concretas, que devem ser enfrentadas ao invés de serem odiadas"; a de STRECKER e APPEL. "A maturidade representa uma amálgama integral de duas coisas: 1) a insatisfação com a situação presente, o que estimula um esforço agressivo e construtivo: e 2) o interesse e dedicação sociais. É a moral do indivíduo."

Quanto aos *problemas* que absorvem o adolescente em sua luta pela *maturidade,* destaca FORRESTER:

*Segurança,*
*Espírito de aventura,*
*Direitos,*
*Responsabilidade,*
*Desenvolvimento.*

Analisados esses *problemas* verificamos que os dois primeiros recaem no grupo das necessidades psicológicas fundamentais do adolescente; o último pode ser considerado como tema principal das investigações que o adolescente costuma efetuar com o intuito de descobrir a própria personalidade; e o 3º e 4º representam a relação entre o indivíduo e a sociedade – assunto de real e palpitante significação para o adolescente.

Em relação a tais problemas encontramos, quase sempre, a mais decidida e positiva atitude do adolescente.

A *necessidade de segurança* é muito importante para o jovem que começa a enfrentar a sociedade humana. Ele procura manter essa segurança sob o disfarce de valentia, desafio, impertinência e insolência, sinais todos que apenas dissimulam intensa ansiedade e necessidade de segurança. É por sentir-se inseguro que o adolescente enfrenta tudo com ar de briga e por isso é que prefere discutir asperamente a argumentar com calma.

O *espírito de aventura* manifesta-se na ousadia, na atitude extrema e precipitada que caracteriza os adolescentes.

Os *direitos e responsabilidades* são objeto de inúmeras cogitações e tentativas de assimilação destas formas de maturidade social; são constantemente feitas pelo adolescente, com o intuito de impressionar o adulto e levá-lo a conferir-lhe o ambicionado diploma de suficiência social.

Finalmente, o adolescente preocupa-se, talvez excessivamente, consigo mesmo, com seu organismo, aspecto e desenvolvimento, demonstrando justamente de que maneira indissolúvel se acham ligadas no ser humano as atividades orgânicas e psicológicas, relacionadas na Medicina psicossomática.

A conquista da maturidade representa, na realidade, o trabalho penoso de crescimento e desenvolvimento a que o ser humano se sujeita, para tornar-se digno de fazer parte da sociedade.

### 3. Critérios de maturidade

Referem-se sempre à *maturidade psicoemocional.*

A noção de maturidade encontra-se em todas as idades, ao lado da imaturidade. Assim podemos observar, segundo ERIKSON:

1. no lactente: *confiança* contra *desconfiança,* significando que maturidade no lactente é a confiança que deposita nos adultos e a imaturidade é representada pela desconfiança no ambiente: choro, desconforto, medo, irritação e labilidade neuropsíquica.

2. na criança pequena: *autonomia* contra *timidez,* com o que a autonomia, o impulso de libertação representa a maturidade, enquanto a timidez e o retraimento da personalidade representam a imaturidade nessa idade.

3. no pré-escolar: *iniciativa* contra *culpa,* idade em que a maturidade favorece a iniciativa enquanto a imaturidade assume a atitude de culpa e de fuga.

4. no escolar: *atividade* contra *inferioridade,* quando a atividade significa maturidade, enquanto a imaturidade cria sentimentos de inferioridade na criança.

5. no adolescente: *definição da personalidade* contra *confusão da identidade,* com a maturidade orientando o jovem no sentido de uma definição de si próprio, ao passo que a imaturidade cria confusão e indecisão em suas atitudes.

6. no adulto jovem: *comunicabilidade* contra *isolamento,* quando a maturidade favorece a comunicabilidade e expansão, ao passo que a imaturidade condiciona o isolamento.

7. no homem adulto: *criatividade* contra *egocentrismo,* quando maturidade significa criar e beneficiar a coletividade, e imaturidade apenas o refúgio em si próprio.

8. no adulto em sua plenitude: *integração* contra *desespero,* significando que a maturidade dá ao homem um sentido de integração social, psíquica e biológica e a imaturidade lhe sugere o desespero e a angústia da solidão e da morte.

LEVINE (citado em SHIRLEY) apresenta os seguintes critérios de maturidade psicoemocional:

1. Ser capaz de orientar-se pela realidade e não por desejos, fantasias e receios.

2. Poder desistir de favores momentâneos em troca de benefícios duradouros.

3. Possuir "consciência adulta" que aceita padrões adultos e não está baseada em ameaças, medo, sentimentos de culpa e fantasias ou idéias deformadas da infância.

4. Ser independente o bastante para assumir a responsabilidade de sua posição, a paternidade das idéias e decisões.

5. Ser capaz de depender razoavelmente dos outros, aceitar conselhos, colaborar e aceitar afeição e favores, bem como, por sua vez, proporcioná-los.

6. Poder considerar os interesses dos outros além dos próprios, ser capaz de amar os outros além de si mesmo.

7. Possuir agressividade razoável, ao lado de capacidade de controle emocional: da raiva, ódio, inveja e desejos de destruir e ferir.

8. Utilizar-se de mecanismos de defesa sadios ou positivos, reprimindo impulsos socialmente inadequados e procurando vazão aceitável para suas tendências humanas normais (sublimação).

9. Ser capaz de bom ajustamento heterossexual, baseado em boa camaradagem e aceitação de si mesmo.

10. Ser capaz de bom ajustamento no trabalho, o que implica: boas relações humanas, boa vontade em aceitar responsabilidade, capacidades de aguardar o sucesso, considerar o dinheiro apenas como meio de conseguir um objetivo, ser digno de confiança, saber perseverar, e respeitar um horário normal de trabalho.

11. Ser capaz de aceitar as diferenças individuais nos outros, ser tolerante e desprovido de preconceitos raciais, religiosos e de classe social.

Para RENNIE e WOODWARD (*op. cit.*), a pessoa matura e mentalmente sadia é aquela que:

1. Tem confiança e respeito próprios e, conhecendo seu verdadeiro valor, não perde tempo em prová-lo a si mesmo e aos outros.

2. Aceita a companhia dos outros, colabora com eles e os estima.

3. Persevera no trabalho, na função social que lhe cabe dentro da família e do grupo, com confiança e entusiasmo e um mínimo de conflito, medo ou hostilidade.

STRECKER e APPEL (citados em RENNIE e WOODWARD) reconhecem os seguintes componentes na maturidade:

1. habilidade de perseverar numa causa, trabalhar nela e lutar até que esteja terminada ou até que lhe tenha sido dado o máximo.

2. capacidade de dar mais que o exigido em determinada situação.

3. qualidade que faz com que os outros confiem em nós.

4. persistência de levar ao fim um objetivo, mesmo em face de dificuldades.

5. suportar dificuldades, situações desagradáveis, desconforto, frustração, miséria.

6. capacidade de avaliação, decisão, independência.

7. capacidade de cooperação com os outros e sob autoridade.

8. maleabilidade de acordo com tempo, pessoas e circunstâncias.

9. tolerância, paciência, adaptabilidade e noção de responsabilidade aos compromissos.

FLEMING considera 4 critérios de maturidade para o adolescente, dignos de serem mencionados:

1. *A aceitação de si mesmo:* ajustamento às próprias situações e capacidades.

2. *A aceitação de si mesmo em relação ao grupo:* reconhecimento das variações alheias e da especificidade da liderança.

3. *A aceitação dos outros,* suas diferenças e a imprevisibilidade dos comportamentos.

4. *A aceitação dos outros em relação a si mesmo:* a relatividade da amizade e dos meios empregados para que os outros nos aceitem.

Os critérios de BERNARD referem-se à idade cronológica, podendo ser aplicados a outras idades também.

São os seguintes:

1. O indivíduo maduro tem espírito adaptável e aprende sempre.

2. O indivíduo maduro é adequado e adaptável ao grupo social.

3. Tem emoções adequadas, satisfatórias e sob controle.

4. Tem impulsos e desejos em harmonia com os objetivos socialmente aprovados, o que significa que o indivíduo sabe integrar-se ao meio em que vive, não formando quisto social, nem procurando modificar, por meios violentos, a conduta e as tradições sociais.

5. Tem noção íntima da própria conduta.

6. Tem razoável entusiasmo e satisfação no trabalho diário.

7. O indivíduo é maduro, quando adquiriu fundamento sólido de *bons hábitos* na infância, isto é, hábitos que propiciem bom ajustamento psicossocial.

8. É maduro quando adquiriu uma filosofia de vida que no presente momento é satisfatória e produtiva.

ALLPORT assinala que merecem ser citados: 1) capacidade de um relacionamento sincero, humano e interessado para com os outros componentes do grupo social; 2) possuir habilidade e percepções que nos permitam enfrentar os problemas práticos da vida; e 3) sentir empatias pelas criaturas humanas.

Através da meninice e em direção ao período adulto, a necessidade de maturidade se vai tornando cada vez mais premente e importante ao homem de nossos dias. Sabemos como a sociedade moderna impõe e exige com constante solicitação que o homem saiba e possa resistir a tentações e coações da mais diversa natureza. E a maturidade, pelo conhecimento e capacidade que representa, é a única que pode dar ao homem a certeza da seriedade, idealismo e dos objetivos a que se propõe, dentro de uma problemática criada pela confusão, materialismo e falta de objetivos do mundo moderno.

O adolescente, mais ainda talvez do que a criança, encontra-se em plena atividade de maturação psicossocial, e mais do que ninguém necessita do apoio dos pais e professores, no sentido de alcançar essa maturidade, com maiores e melhores oportunidades.

## 4. *Condições de maturidade*

Existem diversas condições para que se possa considerar a maturidade. As mais importantes são as seguintes: 1 - *tempo*, suficiente para que se desenvolva a maturidade; 2 - *família*, porque a influência da família é básica na formação da personalidade humana; 3 - *qualidades pessoais*, também imprescindíveis para obtenção de maturidade; 4 - *sentimento da necessidade de auto-atualização*, isto é, conhecimento e participação em grupos e atividades a fim de completar a personalidade; 5 - *segurança*, o sentimento básico de confiança em si mesmo e tranqüilidade nas ações e pensamentos que formam o fundamento de uma personalidade sadia. Sem *segurança* não se pode falar em maturidade.

A necessidade de maturidade é obvia.

Grande número de problemas e moléstias mentais, emocionais e sociais são acarretados pela imaturidade. Quase todas as neuroses se ligam a insuficiência de amadurecimento humano (HORNEY).

Os problemas de nossa juventude, a delinqüência infanto-juvenil, a desorientação e a degeneração são conseqüências de educação familiar, escolar ou social malfeita, descuidada e que não dá ao adolescente a maturidade que ansiosamente necessita e deseja.

Preciso é, e com urgência, que os responsáveis pela educação do adolescente despertem para um dos maiores empecilhos do progresso humano e um dos maiores elementos de desentendimento da civilização humana: a imaturidade, a falta de noção de responsabilidade, a grande dificuldade de formar gerações dignas de confiança.

Para resumir o problema, diremos que a educação dos filhos depende da maturidade emocional e social dos pais; a formação dos escolares, da maturidade dos mestres. Em todos os campos da atividade humana superior, a maturidade é absolutamente imprescindível, inclusive na psiquiatria, trabalho social e, até mesmo, na política.

Os políticos, médicos, sacerdotes, professores, assistentes sociais, pais, todos, enfim, que se ocupam de "educar" os outros indivíduos, devem ser forçosamente maduros, a fim de serem capazes de transmitir aos que os ouvem e aplicam suas indicações o sentimento de responsabilidade em que se deve basear a noção de respeito mútuo e colaboração entre os povos civilizados.

## 5. *Reconhecimento da maturidade*

Como poderemos reconhecer no adolescente o adulto finalmente amadurecido e apto ao exercício de suas funções na sociedade humana?

1. *Pelas atitudes de seu ego*

São os exemplos de seu comportamento, as soluções que seleciona para as dificuldades, o conhecimento que o jovem demonstra ter de si mesmo e de suas capacidades. É enfim a sensação de auto-aceitação (aceitar-se a si mesmo tal como é, sem procurar falsear as verdadeiras possibilidades) que caracteriza as atitudes do jovem entrado na maturidade social.

2. *Pela atualização de seus conhecimentos*

Percebemos logo quando o jovem utiliza todo cabedal, toda força, a plena capacidade do raciocínio e o peso total da cultura. É estudioso e previdente, utilizando o tempo e aprendendo com sua experiência bem como com a dos outros.

3. *Personalidade integrada*

Cônscio de si mesmo e de sua força, o jovem realiza seu trabalho com serena tranqüilidade e perseverança. Ficaram para trás as preocupações, indecisões, angústias e dificuldades.

Com a personalidade finalmente integrada e realizada, o jovem avalia o caminho que segue, calcula a trajetória que se dispôs a percorrer, e vai fazê-lo com firme convicção de vitória final.

4. *Autonomia*

Apoiando-se nas próprias idéias e construindo os próprios raciocínios, demonstra o jovem estar preparado para tomar decisões, pesando as conseqüências e atentando para as vantagens ou desvantagens.

Já possui suficiente discernimento para, utilizando e valendo-se da cultura e experiência, poder selecionar atitudes e opiniões independente dos outros, cabendo-lhe assumir a responsabilidade desses atos.

Observador e perspicaz, atento e arguto, já procura pensar friamente, calmamente analisando as conseqüências longínquas dos atos presentes e atuais.

Essa autonomia psicológica do jovem, quando justificada e ponderável, corroborada pelo evoluir dos acontecimentos, positiva e construtiva, é que dá ao jovem a tão ambicionada maturidade e equiparação ao adulto.

5. *Percepção da realidade*

A noção da realidade social, a apreciação justa dos fatos e dos homens traz para o adolescente a característica do amadurecimento social.

Poder finalmente prescindir da distorção dos fatos por necessidade de brilhar, impor-se; poder ficar acima da mentira e da fantasia por possuir já qualidades suficientes por si mesmas para destacar e elevar o jovem dentre os outros componentes do grupo social: eis o almejado momento do jovem, ao ser incluído no rol dos adultos.

Até então, havia necessidade de recorrer à bazófia, à gabolice, à invenção, para aparecer entre os adultos; ou então deformar a realidade, através do devaneio, fugindo ao meio ambiente para mentalmente construir outros ambientes.

A partir deste momento, entretanto, o jovem sente, percebe a realidade e ela já não o amedronta, nem intimida; ao contrário, o jovem recebe-a de braços abertos, grato por poder finalmente demonstrar, na realidade, as qualidades que agora já não necessitam do "manto diáfano da fantasia" e podem brilhar com a "nudez forte da verdade".

Quando o jovem aceita a realidade e repele as "hipóteses" que só existem na imaginação; quando compreende que das derrotas é possível conseguir vitórias; quando aprende a aceitar as derrotas e não perder tempo em lastimá-las; então é chegado o momento de receber sobre os ombros a responsabilidade de adulto.

6. *Domínio do ambiente*

Refere-se essa última característica ao fato de o jovem amadurecido ser capaz de um domínio calmo e firme do ambiente em que se encontra a todo momento.

Exige esse domínio a capacidade de amar, trabalhar, recrear-se; a capacidade de manter relações interpessoais adequadas, de corresponder à confiança nele depositada, da segurança demonstrada nos vários momentos de dificuldade.

Amar os outros, ser capaz de dar afeto e estima, amizade e camaradagem, essa seria a capacidade capital do jovem desejoso da maturidade. Demonstrar o afeto que não adula, não é insincero, nem visa favores e proteções, eis característica importantíssima para o jovem maduro.

Ser apto para o trabalho, conservando método, aplicação e assiduidade; demonstrando capacidade de atenção, aprendizado e deferência aos mais antigos e mais práticos. Ter a paciência e a perseverança de iniciar a carreira pelo princípio, não desejando saltar sobre os outros, nem vitórias demasiadamente fáceis. Saber esperar a vez, pelo merecimento, pelo esforço, pelo estudo, eis outras tantas características da maturidade do jovem.

Aprender a recrear-se, relaxando o corpo e o espírito, praticando esportes físicos e passatempos mentais; premiando periodicamente o organismo cansado com saudáveis descansos na praia ou montanha, ao invés de ainda mais desgastá-lo com intermináveis bailes ou noitadas. Respeitar o corpo, protegendo-se contra as moléstias e fadiga e cultivar o espírito, enriquecendo-o através da leitura, do conhecimento da arte, da música, da poesia e da escultura.

E, contudo, não abandonar seus semelhantes. Não esquecer que é jovem e deve cultivar a companhia de jovens. E, por isso, trabalhar nos grêmios e clubinhos, manter relações sociais com outros jovens, de ambos os sexos; aprender a conversar com facilidade e sem afetação; aprender a respeitar o próximo, jovem, adulto ou velho, nele vendo um companheiro, um ser humano com defeitos e também qualidades.

Finalmente, demonstrar através do equacionamento e apresentação dos problemas, através das soluções selecionadas para eles, essa tão almejada qualidade de *equilíbrio,* que é a pedra fundamental da maturidade social do jovem.

## 6. *Tipos de maturidade*

Quando se fala em maturidade, pode-se ter a impressão de um conceito total, como maturidade em geral, integral, etc. Na verdade, tal conceito não existe, dada a diversidade e multiplicidade de setores de que se compõe a personalidade humana integral.

Podemos pois falar em maturidade de setores, como p. ex. a maturidade física, sexual, psíquica e assim por diante. Contudo, a maturidade integral depende do concerto harmônico das várias maturidades, sendo necessário um equilíbrio para que se possa falar de maturidade integral.

Considerando o processo de maturidade que deve desenvolver-se desde a adolescência até o período adulto, temos os diversos tipos de maturidade que passamos a descrever:

1. maturidade *física* que exige: a) desenvolvimento físico harmônico; b) resistência às moléstias; e c) amadurecimento do organismo e das funções orgânicas.

2. maturidade *sexual* com as seguintes condições: a) desenvolvimento do interesse pelo sexo oposto; b) libertação do Édipo e das paixonites; c) transferência do amor por alguém da mesma idade e sexo oposto; d) diminuição da masturbação; e) aceitação da maturidade física sem temor; e finalmente f) seleção de um companheiro por afinidades físicas e espirituais.

3. maturidade *psíquica*, na qual devemos considerar como condições: a) independência da supervisão dos pais; b) confiança na segurança auto-originada e espontânea em lugar da confiança que provinha dos pais; c) aceitação dos pais como amigos e não protetores e orientadores; e d) planejamento e formação das decisões próprias sem controle paterno.

4. maturidade *emocional*, exigindo: a) substituição dos meios ofensivos de expressão da emoção por outros inofensivos; b) reação objetiva a situações emocionais e não precipitada, infantil ou fora da realidade; c) aceitação da crítica sem melindres; d) aceitação das situações desagradáveis ao invés de fugir delas; e) eliminação dos pavores e ansiedades infantis.

5. maturidade *social*, implicando: a) sentimento de segurança em seu ambiente social; b) habilidade em lidar com as pessoas do grupo; c) habilidade em não tentar dominar ou deixar-se dominar; d) libertação da extrema dependência do grupo; e) desenvolvimento do sentimento de tolerância para com os outros.

6. maturidade *intelectual* com as seguintes condições: a) exame geral do conceito de autoridade e exigência de provas da mesma; b) desejo de conhecimentos e explicações sobre os mesmos; e c) despertar de novos interesses e focalização dos mesmos.

CAPÍTULO 7

# O ADOLESCENTE E A SEXUALIDADE



## 1. *Impulsos sexuais e defesas*

Especificamente na adolescência, surgem vigorosos os impulsos sexuais, devido à produção dos hormônios sexuais e desenvolvimento dos órgãos sexuais, trazendo prazer ao jovem adolescente e criando uma série de problemas simultaneamente. As leis conflitantes, freqüentemente contra-sexuais, de moral e ética, representam o clima em que o jovem se vai desenvolver e envolver. A puberdade surge após um período de relativa tranqüilidade — o período de latência para os freudianos —, durante o qual meninos e meninas se ocupam, separadamente, de atividades bem menos explosivas.

Com a puberdade, aparecem preocupações freqüentes com a imagem corporal. Nas meninas, ansiedade relativa à posição e crescimento do busto; do depósito adiposo mamário nos meninos, além da quantidade de pêlos corporais; o tamanho e formato do pênis; a cor e disposição dos testículos; a tonalidade e intensidade da voz, etc. Realmente, o corpo todo é sujeito, nessa fase, a um minucioso exame e estudo, sendo a menor alteração (como uma espinha, verruga, mancha, etc.) objeto e fonte de muita ansiedade, preocupação e até choro.

Manifestam-se conotações sociais e uma intensa comparação com os "outros" (irmãos, colegas, amigos do clube, nos chuveiros, na piscina, na praia, na rua). Existe a preocupação e o temor de se "expor" aos outros (fuga ao sexo oposto) ou, então, a necessidade de auto-afirmação perante os outros. Importante também é não esquecer que há uma defasagem de 2 anos a mais no desenvolvimento fisiológico da menina, comparado ao do menino da mesma idade. Por essa razão, os meninos, habitualmente, namoram meninas mais jovens.

Fantasias sexuais, pornografia e relatos de proezas sexuais (reais ou imaginárias) são comuns nessa idade, podendo interferir no aproveitamento escolar ou conduzir a ansiedades, depressões e sentimentos de hipocondria, habitualmente transitórios. Há períodos de intenso desejo de solidão, misticismo (dedicação religiosa), ou, pelo contrário, de intensa sociabilidade, ambas as formas encobrindo um turbilhão de pensamentos, fantasias e desejos sexuais.

ANNA FREUD estabeleceu que o adolescente utiliza os mecanismos psíquicos de "intelectualização" e de "ascetismo" como defesas contra os vigorosos impulsos sexuais. No intelectualismo, encontramos o envolvimento com idéias, livros, debates teóricos de situações (em vez de vivenciá-las), o que ajuda o adolescente a adiar ou atenuar a experiência sexual direta até o momento em que se sinta preparado para ela. No ascetismo, o jovem executa uma retirada estratégica, tipo de sacrifício, rumo a um estado de pureza, nobres ideais e abstinência de prazeres corporais. Tanto o intelectualismo como o ascetismo, que fazem parte da sublimação, podem ser levados a um tal exagero que cheguem a produzir distúrbios psíquicos graves no jovem. Os mecanismos de intelectualização e ascetismo ajudam o adolescente a enfrentar o temor que lhe causa o poder dos seus impulsos sexuais, podendo, inclusive, buscar refúgio contra o vigor de tais impulsos, na enfermidade, na paralisia de suas atividades físicas e vitais, na hipocondria e, em alguns casos, até mesmo numa crise esquizofrênica. No intelectualismo, vemos o jovem preocupado com os grandes temas da humanidade, as reformas sociais, os regimes políticos, os vícios da sociedade, a massificação dos homens, etc., em flagrante contraste com o próprio sistema de vida do adolescente (*status*, carro próprio, boa alimentação, aparelhos de som, bons livros, bons clubes, etc.). Na vida real, no seu comportamento diário, o adolescente se mostra egocêntrico, ingrato, invejoso e brutal com os que o rodeiam; desrespeita os sentimentos dos que pertencem a classe social inferior, seus direitos e necessidades, dando assim uma demonstração concreta de sua indiferença perante a solidariedade humana de que tanto fala.

De fato, o adolescente está tão preocupado com sua própria personalidade em desenvolvimento, com a ansiosa procura de sua "identidade" que se esquece da aplicação de suas idéias na realidade. Contenta-se com suas discussões, sua meditação, os sonhos de solução dos grandes problemas da humanidade, esquecendo-se de que a empregada também tem direito a um descanso, a uma refeição tranqüila e não pode estar a serviço, quando e onde o jovem o desejar.

Aliás, não é só nos adolescentes que se observa essa contradição. Também a vemos em muitos adultos, o que nos demonstra como é difícil alcançar a verdadeira maturidade, ainda que estejamos convictos de já tê-la atingido.

## 2. *Sexualidade, erotismo e amor*

A respeito do comportamento sexual existem três conceitos que devemos expor e esclarecer, já que são objeto de muita confusão, tanto da parte de adultos como de adolescentes. Trata-se dos termos: *sexualidade, erotismo* e *amor.* A *sexualidade* pressupõe o conjunto anatomofisiológico-sexual, uma forma de atração puramente orgânica, corporal, de expressão sexual. O *erotismo* exprime o amor sem responsabilidade, a atração sexual física e a busca de uma gratificação imediata. O *amor* é um sentimento complexo em que participam componentes diversos: corporal, psicoemocional, sociocultural e uma série de valores espirituais que incluem a responsabilidade, o respeito mútuo, a empatia, a harmonia de idéias e conceitos, o companheirismo e a coincidência dos valores espirituais de cada parceiro sexual.

Por outro lado, devemos considerar como significativo e de intensa motivação o esforço do jovem na obtenção de atitudes adultas no referente ao desempenho da atividade correspondente ao sexo a que pertence. Há uma grande pressão em exercício para que sejam abandonadas as atitudes infantis com relação ao sexo, num impulso para a conquista da maturidade sexual. Essa maturidade sexual é reconhecida no adolescente pelas seguintes manifestações, indicativas do estabelecimento de interesses heterossexuais: 1. desenvolvimento do interesse afetivo por alguém do sexo oposto; 2. transferência de um sentimento afetivo mais intenso por uma pessoa mais velha para um parceiro da mesma idade e sexo oposto; 3. diminuição sensível da necessidade de se masturbar como impulso erotizante; 4. aceitação da maturidade física (alterações orgânicas e fisiológicas do próprio corpo com modificação da imagem corporal) sem temê-la ou ostentá-la (narcisismo); 5. escolha de um companheiro único, terminando o período de experimentação e procura; e 6. possibilidade de experiências heterossexuais e reconhecimento da "dupla moral sexual". Essas experiências são comuns na adolescência, apresentando, no entanto, um caráter esporádico, sendo mais freqüentes nos adolescentes que trabalham do que nos que têm vida escolar. Existe uma tensão sexual mais evidente nos rapazes do que nas meninas, talvez por causa das atitudes educativas sexuais adotadas no ambiente familiar. Em geral, o ambiente é mais permissivo com o menino no que se refere às atividades sexuais do que com a menina, que é objeto de maior repressão em casa.

A esse fato, chama-se "dupla moral sexual", uma para os meninos, outra para as meninas, e pode até ser a causa, entre outras, da atitude machista da nossa civilização. Essas atitudes dos adultos (pai e mãe) relativamente à permissividade de atividades sexuais nas crianças dos dois sexos são responsáveis pela possibilidade de autocontrole mais eficiente na jovem do que no rapaz. Entretanto, muitos fatores *inibem* essa atividade heterossexual no adolescente: 1. seu narcisismo (a gratificação na aceitação de sua própria imagem corporal); 2. o medo de ser apanhado (ainda hoje, apesar de todas as liberdades); 3. o receio de uma gravidez; 4. medo de doenças venéreas; 5. nos casos de adolescentes mais jovens, uma coação da situação edipiana (no rapaz, atração pela mãe; na menina, uma inclinação para o pai), agindo como um tabu intensamente repressivo; e 6. os valores morais e religiosos com suas proibições e repressões podem, em muitos casos, funcionar como barreiras de inibição.

Por outro lado, existem os fatores que podem *intensificar* ou *acentuar* a liberação dos impulsos sexuais: 1. a revolta e ressentimento contra a autoridade; 2. o desejo de punir pai ou mãe; 3. a recusa de se comportar mais conservadoramente ("quadradamente") do que a maioria dos colegas e amigos; 4. a excessiva repressão do adulto, criando situações proibitivas ou constrangedoras para o adolescente; 5. o desejo de conquistar mais cedo a maturidade sexual; 6. o desejo de se provarem crescidos e independentes; 7. o desejo de provarem a atividade sexual sem aceitar as responsabilidades envolvidas (erotismo); 8. a necessidade de testarem a própria masculinidade, eliminando as dúvidas provocadas pelos elementos hetero e homossexuais do seu desenvolvimento; 9. a necessidade de competirem em nível de igualdade com as vantagens e pseudoconquistas amorosas e sexuais relatadas, arrogantemente, por colegas e amigos; 10. a necessidade de serem aceitos e o temor e ansiedade de serem rejeitados pelo grupo a que pertencem conduz muitos adolescentes a experiências heterossexuais ou homossexuais, freqüentemente prematuras ou inteiramente indesejáveis.

O problema pode ser prevenido quando existe um ambiente familiar estável, um bom relacionamento entre o adolescente e seus pais, com desenvolvimento de atitudes adequadas e boa estabilidade emocional, além da boa vontade e capacidade dos pais para a discussão de temas sexuais.

O jovem pode até recorrer ao médico, com a finalidade de acertar algumas de suas dúvidas (masculinidade, revolta, sentimento de impopularidade ou inadequacidade). No caso, qualquer médico e, em especial, o psiquiatra, deverá oferecer estímulo e apoio, ampliando o contexto e conhecimentos dos jovens, no tocante à maturidade sexual. Se inquirido sobre "seus próprios padrões de conduta sexual", não deverá haver hesitação do médico, nem o artifício de fuga que consiste em propor que o jovem "resolva sozinho seus próprios problemas". Os valores do adulto, sua própria conduta e orientação devem ser, honestamente, expostos e analisados.

O adolescente desconhece as respostas a que ele mesmo deve chegar. Por essa razão, a resposta do adulto poderá servir de conotação e referência para que ele atinja uma decisão. No caso de não querer ou não poder dar-lhe essa informação, o médico deveria encaminhá-lo a algum adulto adequado e em condições de querer e poder fazê-lo.

## *3. Modalidades de sexualidade*

Encontramos no ser humano duas modalidades de sexualidade: a latente e a manifesta. A primeira é sempre mais intensa e profunda, constituindo a maior fonte dos impulsos sexuais inconscientes, que se manifestam, simbolicamente, através do nosso comportamento, além dos sonhos, devaneios, lapsos mentais, atos falhos e outras formas de burlar a barreira de nossa censura. Na sexualidade manifesta, por motivo das condições especiais em que nos encontramos, podemos realizar nossos impulsos sexuais sem a pressão da censura: são os carinhos, carícias, jogos sexuais preliminares ao ato sexual e o próprio ato sexual em si.

A nossa energia libidinal pode fluir em nós de diversas maneiras: 1. para o próprio indivíduo, o que seria uma forma de narcisismo, bastante acentuado no adolescente; 2. para fora, em direção ao objeto amado, que seria o interesse e atração normais por jovens de outro sexo; 3. para objetos-escolha de natureza infantil, no chamado processo de *fixação* (materna ou paterna) com preferência por parceiros sexuais bem mais velhos e de atitudes paternais ou maternais, conforme o caso. No acionamento do processo de fixação, trata-se de medo e ansiedade que o adolescente pode sentir no desenvolvimento em direção à maturidade sexual adulta; e 4. no sentido de retrocesso psicoemocional para objetos infantis, através do processo de *regressão*. Esse processo é responsável por uma série de comportamentos, hoje indubitavelmente reconhecidos como infantis, como: fumar, alcoolizar-se, comer demais, descontrolar-se emocionalmente, roer as unhas, escarafunchar as narinas, infringir as leis, usar linguagem infantil, destruir objetos (clastomania), masturbar-se, ler estórias de mistério policial, assistir a filmes, praticar variações sexuais incomuns, mascar chiclés e tabaco, vestir-se com trajes infantis, dirigir com velocidade e imprudência, acreditar em superstições, cochilar, lutar e matar, apostar em cavalos, devanear, revoltar-se ou submeter-se à autoridade, jogar, fazer visagens diante do espelho, agir impulsivamente, desabafar em bodes expiatórios e outros comportamentos considerados regressivos.

## *4. Atitudes e valores sexuais*

Não obstante toda a intensa comunicação através da publicidade e o impacto causado pelos temas sexuais, o adolescente não possui, habitualmente, noções precisas a respeito dos aspectos anatômicos e fisiológicos da sexualidade e dos órgãos genitais. Sua mente está povoada, neste sentido, por informações vagas e falhas, colhidas ao acaso, de amigos ou lidas em alguma revista ou jornal leigos e totalmente contra-indicadas como um tipo adequado de orientação sexual. Muito mais do que nas minúcias referentes às particularidades dos seus órgãos genitais e processos de funcionamento dos mesmos, os adolescentes se preocupam com atitudes, sentimentos e comportamento sexual humano. Estão mais interessados em razões, valores, relações interpessoais e o comportamento referente ao sexo, inclusive o dos adultos que os rodeiam e que desejam saber — e que lhes faz falta conhecer.

O adolescente coloca a questão sexual em termos de vivência interpessoal, discussão livre dos sentimentos próprios e alheios e a procura de "estar bem" no terreno sexual, sempre com a conotação de relacionamento ao próximo.

Atualmente, embora o ponto de vista tradicional considere o sexo, essencialmente, um assunto individual, sabemos que as atitudes e os valores estão em sensível mudança. Atenuaram-se os tabus sexuais, as inibições e etiquetas. As condições culturais em transição puderam dotar a sexualidade de uma nova significação e implicações sociais, desconhecidas há trinta anos. Não é mais possível abordar-se hoje os temas sexuais, sem levar em devida consideração essas mudanças.

Estudando o desenvolvimento da temática sexual do adolescente, em suas novas dimensões, dois fatos sobressaem como fundamentais no momento atual de nossa sociedade em transição: 1. os padrões de moral sexual estão mudando rapidamente, e 2. existe, indiscutivelmente, maior liberdade entre os sexos. Teremos de aceitar esses dois fatos e incluí-los em todas as considerações a serem feitas em torno do desenvolvimento sexual do adolescente: 1. O medo, como controlador e repressor do comportamento sexual do jovem, declinou consideravelmente. Fatores negativos e proibitivos, fatores de punição como o medo da infecção venérea, da concepção e principalmente, da desmoralização social através da denúncia e exposição à crítica e julgamento dos outros, todos eles foram sendo eliminados, desatualizados, permitindo o desaparecimento das ameaças ao livre exercício do ato sexual. O controle médico preventivo das moléstias venéreas combate as infecções; o uso do anticoncepcional afastou o vexame da gravidez solteira, e a vida urbana com a facilidade de locomoção (moto, automóvel) tornaram menos agravante o isolamento e o anonimato, permitindo um maior intercâmbio entre os jovens, maior união entre eles e um menor receio da opinião pública.

2. Existe, atualmente, entre adolescentes e adultos, uma separação "ideológica e sociológica", especialmente em matéria de sexo. As críticas dos adultos, referindo-se a práticas sexuais dos jovens, são, provavelmente, recebidas com indiferença e descaso. O medo que os pais sentem quando a menina de 14 anos sai sozinha ou com amigos é encarado pelos jovens como atitude antiquada e sem significação. Os adultos, frente aos jovens, só sabem "ter medo", e certamente, ter medo não representa nenhuma medida correta de prevenção, seja qual for o problema, nem é um sinal de força e sim de fraqueza e desorientação dos adultos. Se devemos acompanhar a evolução de nossa civilização, devemos também tentar evoluir em nossa forma de encarar os problemas sexuais dos jovens, dentro da perspectiva deles, e não da nossa.

3. Outro problema, que nos parece fundamental, refere-se ao perigo da superpopulação que se vem refletir sobre o da procriação. Devemos alertar a civilização a respeito da necessidade de um planejamento familiar, que irá separar, inevitavelmente, a relação sexual de sua ligação à reprodução humana. Que faremos com as populações famintas que crescem, desenfreadamente? Como poderemos pensar em controlar a conhecida explosão demográfica?

4. Com os meios de transporte intensificados e popularizados, com a criação de ligações intercontinentais por meio de satélites, jatos, viagens para toda parte, as pessoas estão se conhecendo melhor, as idéias se transmitindo com rapidez cada vez maior. As religiões admitem, pela primeira vez, um intercâmbio permissivo e lógico, o ecumenismo. Milhares de jovens estão visitando e conhecendo milhares de países, culturas, sociedades diferentes, habitats novos, novos usos e costumes, que se mesclam, interagem e influenciam a todos.

5. A "dupla moral sexual" (dois padrões diferentes: um para o sexo masculino e outro para o feminino), prática machista prestigiada através dos tempos e tradicional em muitos países, tende a desaparecer, ante os esforços das mulheres e dos antimachistas. A mudança dos papéis do homem e da mulher em nossa atual civilização está se acentuando, sendo evidente que as mulheres exigem mais direitos, mais respeito, mais liberdade e mais satisfações do que vinham recebendo. Mas, na realidade, enquanto essa mudança não se fizer sentir na educação, desde a infância, na mudança das atitudes dos pais com os filhos, meninos e meninas, será longo e difícil o caminho da luta pela igualdade dos direitos dos sexos.

6. O avanço científico e tecnológico das pesquisas sexológicas, para citar apenas MASTERS e JOHNSON, SHERE HITE e outros, conseguiu alterar, significativamente, os conhecimentos que tínhamos a respeito, entre outros temas, de orgasmo, masturbação, impotência, etc. No caso da masturbação, por exemplo, assistimos ao desaparecimento de um terrível tabu, imposto no início do século 20 e que está gradualmente ou mesmo inteiramente desfeito já em nossos dias. Em todos os setores sexuais, novos fatos vão surgindo para esclarecer, modificar e corrigir erros básicos que vêm sendo cometidos.

7. Essa motivação para questionar tudo que se refira a sexo vai, forçosamente, pôr em debate os padrões sexuais existentes. Segundo REISS, podemos admitir a existência de 4 padrões sexuais, mais ou menos aceitos no mundo civilizado : 1. a castidade pré-matrimonial; 2. a dupla moral sexual; 3. a permissividade sexual com o sentimento amoroso, o chamado "amor livre"; e 4. a permissividade sexual sem amor, ou seja, a promiscuidade sexual. Desses 4 padrões, percebemos que os dois primeiros ainda encontram muitos adeptos no mundo todo; o terceiro está sendo testado por muitos jovens, ao passo que o quarto dificilmente contará com alguma simpatia entre os jovens. Seja como for, o importante é assinalar que atualmente, em matéria de sexo, pouco ou nada é sagrado ou tabu. Tudo é questionado, analisado, amplamente debatido por sexólogos, técnicos em comportamento humano, sociólogos, filósofos, jornalistas e comunicólogos.

8. Uma das situações mais graves, relativas à sexualidade está na falta de concordância de pontos de vista das várias correntes científicas e a contradição entre as afirmações dos sexólogos e as práticas sexuais do público. Nossa sociedade "parece" defender e pregar: 1. a castidade pré-matrimonial; 2. a sobriedade sexual; e 3. um mínimo de experiências sexuais pré-matrimoniais. No entanto, essa mesma sociedade permite: 1. que os adultos utilizem, abusivamente, o sexo para fins de publicidade e negócios, sejam da natureza que forem; 2. que a nossa civilização continue mantendo os mais repressivos tabus quando comparada a outras sociedades e culturas, através de estudos antropológicos; 3. que algumas religiões estejam revendo seus padrões, aceitando o desafio de reinterpretá-los e acompanhando a evolução social nesse sentido; 4. que os jovens que prestigiam a castidade pré-matrimonial se vejam humilhados e ironizados pelos próprios adultos que lhes negam apoio moral ou pelo grupo social que se desinteressa de suas atitudes.

9. O sexo, para a sociedade, é considerado assunto "sério e delicado". Entretanto, é usado pela publicidade, jornais, revistas, filmes, teatro, rádio e TV de forma grosseira e abusiva, tornando-o mais um artigo a ser devorado pela sociedade consumista.

10. A sociedade deseja que homens e mulheres se aceitem, compreendam e respeitem mutuamente. Ao mesmo tempo, protege e ampara a existência da "dupla moral sexual", uma conduta sexual que permite a um dos sexos (o masculino) expressões sexuais e emocionais que proíbe ao outro (feminino).

11. Às chamadas "culturas menos civilizadas" e menos adiantadas do que as nossas admitimos a permissividade sexual como manifestação cultural menos "educada". Parece, contudo, que temos muito a aprender com essas culturas "permissivas" em matéria de sexualidade.

## 5. *Aspectos positivos e negativos da temática sexual*

Encerrando essas considerações, gostaríamos de analisar nossa atual situação referente à problemática sexual, enumerando seus aspectos negativos e positivos que devem ser abordados e esclarecidos. Iniciemos considerando fatos negativos da sexualidade moderna e que podem constituir obstáculos a um desenvolvimento individual adequado: 1. um receio irracional e absurdo do sexo, induzindo o indivíduo a um verdadeiro pânico sexual. O medo ao sexo é muito antigo no homem, tendo sido exacerbado, nos primeiros decênios do século 20, pelas teorias psicanalíticas da sexualidade. Essas teorias enfatizaram a extraordinária força da libido e a necessidade de um autocontrole (censura) para conservar uma atitude educada e socialmente adequada. Uma boa parte da civilização optou pela repressão ou recalque em vez de se utilizar da compensação ou sublimação. Além do mais, existem outros impulsos muito intensos, fora os sexuais, e que podem ser canalizados objetivamente com sucesso e sem prejuízos para o psiquismo. A nossa civilização tentou simplesmente reprimir os impulsos sexuais, ignorando-os e criando traumas e problemas sexuais; 2. outro aspecto negativo é a idéia de que somente os jovens lutam com problemas sexuais, enquanto os adultos já não os têm. Na verdade, todo mundo parece pensar que só na infância e adolescência é que devemos preocupar-nos com educação e orientação sexuais e que só nessas faixas etárias é que surgirão problemas e deverão ser tomadas decisões sexuais fundamentais. A maioria dos textos sobre temas sexuais aborda a infância e adolescência, detendo-se de maneira brusca e inexplicável ao atingir a fase do adulto.

O que nos parece importante é que o adulto compreenda que tem muito a ensinar ao adolescente, em matéria de suas vivências sexuais. O adulto deve criar as condições psicoemocionais para a liberdade de discussão e colocação desses problemas sexuais com os jovens. Deve ainda o adulto aprender a relacionar o sexo com outros aspectos socioculturais da vida humana. Mais graves que problemas sexuais são a violência, a agressividade e a falta de amor entre as pessoas. Importante, ainda, é o estabelecimento de novos valores sexuais, uma conduta social adequada e a formação de novas atitudes; 3. o terceiro aspecto negativo refere-se às atitudes repressivas dos adultos. As ofensas sexuais parecem ser, para os adultos, as piores possíveis, e às quais reagem com temor, hostilidade e agitação. No caso de exibicionismo genital, em que o ofensor expõe seus órgãos genitais a uma criança, maior dano resulta da agitação e reações neuróticas dos adultos do que propriamente do fato de ter sido exposta à exibição sexual. Essa atitude inconsciente de horror e nojo do sexo formam o núcleo mais difícil e endurecido das atitudes sexuais dos adultos civilizados, que é transmitido à criança e ao adolescente. São essas atitudes conscientes e inconscientes que tornam qualquer discussão a respeito de temas sexuais extremamente difícil e dificilmente objetiva. Se conseguirmos na educação infantil, adolescente e do adulto inclusive, atitudes menos rígidas e intolerantes, e mais naturais e espontâneas sobre o sexo e suas manifestações, talvez possamos modificar o atual estado de coisas a que nos levou nossa civilização.

Felizmente, em contraposição aos aspectos negativos da problemática sexual que analisamos, encontramos outros positivos que são encorajadores e demonstram a possibilidade de empregar esforços no sentido de construir um conceito de sexualidade mais objetivo e atualizado: 1. uma objetividade gradativamente crescente relativamente à sexualidade, permeada pela pesquisa científica e tecnológica, ao lado de maior liberdade social de discussão de temas que eram proibidos anteriormente; 2. uma compreensão mais profunda das necessidades e natureza do homem, pelo estudo de seu comportamento e do grupo social a que pertence; e 3. uma penetração maior do conceito de inevitabilidade das mudanças da nossa sociedade. Quanto mais nos compenetrarmos dessa inevitabilidade, mais facilmente aceitaremos as modificações impostas à sociedade humana pelo avanço da civilização, aliadas às vivências que experimentamos e que nos ajudam a aguardar e incorporar novas idéias e conceitos sobre moral e comportamento sexual.

## *6. Homossexualismo*

Uma das áreas problemáticas do homossexualismo está no fato de que muitos indivíduos passam, em seu desenvolvimento, por um estágio na meninice, pré-adolescência ou adolescência, durante o qual sentem atrações homossexuais, isto é, inclinações por pessoas do mesmo sexo. Essa inclinação afetiva forma o chamado "pseudo-homossexualismo" dos jovens, que eventualmente, com o processar-se do desenvolvimento, tornam-se plenamente heterossexuais. Embora tolerando melhor as manifestações de afeto entre as mulheres (que seria o lesbianismo), as manifestações idênticas entre homens (homossexualismo) ainda são consideradas como desvio ou aberrações sexuais por uma parte da sociedade em que vivemos. Recentemente, a homossexualidade já não sofre a violenta repressão e condenação a que estava sujeita há vinte ou trinta anos.

Na verdade, podemos encontrar os mais diversos graus de homossexualismo declarado, total, com completa exclusão e aversão pelo sexo oposto. Muitos indivíduos, entretanto, são bissexuados, sentindo-se atraídos, simultaneamente, por homens e mulheres. Apesar da abertura recente com referência à homossexualidade, a maioria dos homossexuais e lésbicas ainda não assume, publicamente, sua situação sexual. Isto é devido à repressão social ainda existente, havendo sociedades que prendem os homossexuais.

As características da homossexualidade são bastante difíceis de serem definidas, dado que o homossexual tanto pode assumir as maneiras de vestir e agir "afeminados", como excessivamente "másculos" (halterofilismo, musculatura forte, roupas de couro, motocicletas e outros símbolos atuais de "machismo" ou masculinidade). Nas lésbicas, encontramos a mesma variação do muito feminino ao declaradamente masculino.

A maioria dos homossexuais não sabe informar por que o é. Na verdade, os próprios psiquiatras se debatem entre as mais diversas teorias a respeito da causalidade do homossexualismo. Essas causas parecem ser mais emocionais do que biológicas. Os homossexuais não diferem, fisicamente, dos heterossexuais, nem reagem a tratamentos hormonais. O que podemos afirmar é que a causa atribuída a um caso não se aplica a outro. Mas quase todos concordam que a homossexualidade se estabelece na infância, devido a uma alteração de natureza emocional, uma parada (fixação ou regressão) no desenvolvimento psicossexual na fase pré-genital ou de latência e que não se verifica nos heterossexuais.

Por essa razão, a possibilidade de uma mudança de homossexualismo para heterossexualismo, aos 20 anos, é muito remota.

Aceitamos como sendo de grande significação o *tipo de relacionamento da criança com os pais* (situação edipiana), especialmente as dificuldades e falhas na identificação com o progenitor do mesmo sexo. O homossexual está, freqüentemente, ligado à figura materna ou da irmã. A lésbica, ligada à figura paterna ou do irmão, com os quais se identifica. Quando a criança fica sabendo do desapontamento dos pais com referência ao próprio sexo (queriam um menino e nasceu uma menina e vice-versa), esse fato pode tornar-se uma causa de homossexualismo, com a criança querendo se identificar com o sexo que os pais desejavam, especialmente quando é tratada em casa em desacordo com seu sexo real.

Por outro lado, encontramos mães que usam o filho adolescente como substituto afetivo do marido (frio ou indiferente), cercando o garoto de amor e carinho, seduzindo-o, fazendo-o dormir com ela na mesma cama e impedindo, ativamente, sua atração normal por meninas, afastando-o delas ou depreciando-as à medida que aparecem, isolando assim o filho. Os pais atraem as filhas adolescentes, cercando-as de gentilezas e cuidados, dando-lhes carinhos físicos (beijos e abraços), afastando-as de possíveis namorados, dos quais se sentem terrivelmente enciumados, e nos quais percebem todos os defeitos imagináveis, isolando afetivamente as filhas.

Nos adolescentes podemos encontrar incidentes isolados de homossexualismo que sucedem, em geral, por tendências ou necessidades temporárias e não por atitudes homossexuais sedimentadas e definitivas. São experiências homossexuais que podemos considerar, até certo ponto, existenciais na infância de todo indivíduo, na pré-adolescência e adolescência, pertencentes à mencionada fase de "pseudo-homossexualismo". Não levam ao homossexualismo definitivo, nem devem ser consideradas como início de desvio, aberração ou tara sexual.

Experiências homossexuais ocorrem, ocasionalmente, na adolescência, sem que isso signifique que os envolvidos se tornarão, forçosamente, homossexuais. É o que acontece, por exemplo, nos locais de aglomerados unissexuais, como colégios, quartéis, navios, penitenciárias, etc. Também sob o efeito de álcool e drogas podem ocorrer experiências homossexuais isoladas.

O tratamento do homossexualismo, considerado problema emocional, recai, naturalmente, no domínio da psicoterapia. As probabilidades de sucesso irão depender, entretanto, dos seguintes fatores: 1. que o homossexual esteja sinceramente interessado em se tornar heterossexual; 2. que o terapeuta conheça bem o homossexualismo e tenha alguma experiência com seu tratamento; 3. que o tratamento seja iniciado até os 35 anos de idade; 4. que tenha havido tentativa de relacionamento heterossexual; 5. que haja ocorrência de sonhos com conteúdo manifesto de interesse ou atividade heterossexual. Os tratamentos terápicos que apelam para o despertar de um sentimento de culpa, de princípios de moral ou religião e, em especial, a terapia punitiva ou amparada pelas leis sociais coercitivas são, geralmente, ineficazes.

Os pais dos adolescentes, freqüentemente, não estão em condições de compreender ou aceitar que nenhum homem é totalmente masculino, nenhuma mulher totalmente feminina, e que existe uma bissexualidade em todos os seres humanos. Por essa razão, os pais ficam excessivamente preocupados, muito tensos e perturbados ao observarem alguma atitude homossexual em seus filhos adolescentes. Podem, inclusive, transformar em tragédia embaraçosa e ridícula qualquer "paixonite homossexual" superficial, inofensiva e sem gravidade. Às vezes, é o próprio grupo de adolescentes que complica a situação, excluindo o jovem ou a jovem que parecem menos masculino ou feminina. Essa atitude de rejeição pode levar o adolescente a se afastar do grupo e procurar outros adolescentes do mesmo sexo, quando se trata, em verdade, de atitudes de transição, de pseudo-homossexualismo, perfeitamente normais e freqüentes em muitos jovens, não devendo ser confundidos com o verdadeiro homossexualismo.

De qualquer maneira, o mais importante para pais, médicos e professores, é a abordagem franca e livre, permitindo ao jovem exprimir seus sentimentos e situação, e fornecendo-lhe a necessária orientação para se ajustar, sempre com compreensão, carinho e aceitação.

Quanto à atitude social em relação ao homossexualismo, observamos que oscila desde a total permissividade em alguns países até o confinamento e severas leis contra qualquer tipo de homossexualidade. Ora, sabemos que a punição não modifica o comportamento dos indivíduos nem transformará um homossexual em heterossexual. Acreditamos que os homossexuais devem ser impedidos, sob as penas da lei, de "seduzirem" crianças e adolescentes. Deve-se evitar também que os adolescentes que se encontram na dúvida entre sentimentos homossexuais e heterossexuais sejam atraídos para a homossexualidade. Nossa opinião não é ditada por considerações de ordem moral ou religiosa, e sim porque temos conhecimento das dificuldades e restrições que cercam a vida homossexual em comparação com a heterossexual. Os homossexuais que assumem estão racionalizando e ocultando suas dificuldades a fim de justificarem seu *modus vivendi*. Naturalmente, é inegável que muitos homossexuais são capazes de uma vida útil e realizada e que os inúmeros problemas com que se defrontam têm sua origem nos preconceitos e na estigmatização social de que são vítimas da parte de uma sociedade organizada heterossexual.

### 7. *Masturbação*

Universalmente conhecida e difundida, a masturbação, que é o processo de automanipulação, de auto-satisfação sexual, é, de fato, inofensiva, embora seja freqüentemente a fonte de intensa ansiedade por parte de adolescentes e mesmo de jovens adultos. Sabemos que não afeta, em absoluto, nem o físico nem a mente. Quando nos deparamos com sentimentos de culpabilidade, ansiedade e conflitos, podemos admitir que tenham origem nas contradições geradas por padrões morais sexuais e ensinamentos incorporados na meninice e adolescência e relacionados à atividade masturbatória.

Ainda hoje existem muitos adultos que, com a autoridade de que se revestem, incitam o medo e a culpa no espírito do adolescente que, apesar de prevenido, continua se masturbando. São esses padrões morais sexuais, o medo e a culpa que geram traumas e conflitos nos jovens, e não o processo masturbatório em si.

É nossa obrigação esclarecer o jovem e a jovem, tolerantemente, e sem insistir em aprofundar o tema, quando percebemos sua dificuldade ou constrangimento. Não se deve comentar, desfavoravelmente, o aspecto dos valores religiosos ou sociais do adolescente, apenas orientar e desfazer dúvidas quanto a um pretenso perigo existente na masturbação. Deve-se tomar cuidado de não insistir demais na possibilidade de sublimação ou canalização para outras atividades. Isto poderia fazer com que o jovem ou a jovem pensasse que se deve "evitar a todo custo" a masturbação, e criar novos conflitos de atitude. Não é nosso objetivo criar mais culpabilidade ou conflitos no espírito do adolescente.

Ainda uma palavra a respeito do uso do termo "excessivo" quando aplicado à masturbação. A atividade masturbatória ou é perigosa ou inofensiva – não se trata de dizer que seja desejável ou indesejável, ou que "um pouco não prejudica, desde que não haja excessos". Não sabemos medir o "excessivo" ou "o pouco" na masturbação. O que desejamos informar é que o hábito pode estar ligado a um excesso de ansiedade, e essa, sim, é que deverá ser tratada, porque reflete um conflito emocional e uma grande tensão psíquica. O mesmo pode ser dito a respeito das "fantasias" que, habitualmente, acompanham a masturbação e que podem preocupar os jovens.

A masturbação pode também estar ligada a dúvidas ou questionamento da própria sexualidade, tanto na jovem como no jovem. Neste caso, com o apoio e a presença de um adulto amigo que possa debater e aconselhar, teremos a possibilidade de tranqüilizar o adolescente.

## 8. *Prostituição*

A prostituição ou comércio sexual, em que a relação sexual é realizada mediante pagamento, representa um fenômeno psicocultural que acompanha quase todas as culturas humanas. O assunto parece estar mais relacionado com o homem do que com a mulher, dada a maior permissividade sexual, acarretada pela dupla moral sexual presente na educação infantil.

Nas sociedades machistas, o relacionamento com prostitutas significa, no homem, uma valorização da descarga sexual acima do afeto e companheirismo, enquanto a mulher dessas sociedades adota a atitude radicalmente oposta, valorizando mais o afeto e companheirismo, acima da descarga sexual. Comparada com a atividade heterossexual habitual do adolescente, a dinâmica da orientação para a prostituição surge inteiramente diferente. A relação sexual com uma prostituta pode ter, segundo KARPF, conseqüências verdadeiramente desastrosas. Freqüentemente, tais relações implicam uma atitude de desvalorização da mulher, num exagerado senso de machismo (autovalorização) do homem e criam hábitos que podem interferir na futura vida conjugal.

A freqüência à prostituta não conduz a qualquer tipo de controle ou orientação do desejo sexual. Tende, pelo contrário, a exacerbar atitudes grosseiramente egoístas, o ato sexual tornando-se, praticamente, equivalente a uma masturbação, sem que haja nele qualquer sentido mais profundo, paciência, afeto, tolerância, consideração ou companheirismo, gentileza ou interesse pelas necessidades da mulher. Os hábitos adquiridos com as prostitutas, desde a falta de afeto até a rapidez do orgasmo, são, evidentemente, inadequados como utilização na futura vida conjugal. O fato de a prostituta procurar satisfazer os menores desejos do homem, pagos evidentemente, cria uma situação artificial, impossível de reconstituir na vida matrimonial.

Pelo contrário, a mulher casada, sabedora da provável origem dos conhecimentos sexuais e exigências do marido, tende a resistir e dificilmente consentirá na imposição dos mesmos, com receio de ser comparada a uma meretriz.

Convém, também, lembrar que os adolescentes, em sua maioria, não freqüentam o meretrício, que atrai mais os adultos da faixa de 30 a 40 anos de idade. Por outro lado, é curiosa a observação de que a maioria dos livros sobre saúde pública se omite no verbete "prostituição", preferindo ignorar sua existência e os prejuízos que acarreta como fonte de contágios de infecção venérea.

O verdadeiro interesse das considerações em torno do meretrício se localiza no fato da possibilidade de seu "controle epidemiológico" e aspecto preventivo no campo comunitário. O entusiasmo inicial com o uso e abuso de antibióticos logo cedeu, ante a verificação de dois fatos de importância: 1. o surgimento de cepas de espiroquetas (os microorganismos da sífilis) resistentes aos antibióticos; e 2. a disseminação maior da doença, dada a falta de cuidados gerada pela crença no tratamento fácil. Assim houve, na verdade, um recrudescimento dos casos de sífilis e moléstias venéreas em geral.

Essa situação deverá pesar na atitude que muitos adultos assumem relativamente à vida sexual do adolescente masculino, no sentido de encaminhá-lo à utilização de prostitutas como forma de provar sua masculinidade e como "necessidade sexual". Sem condenar o recurso à prostituição, salvo o perigo da contaminação venérea, não vemos razões suficientes para recomendá-la aos jovens como exercício de sua sexualidade. Trata-se de um ato sexual pago, sem amor ou qualquer interesse afetivo e que só prejudica a conotação do adolescente quanto ao verdadeiro sentido de uma relação sexual, tanto do ponto de vista físico como psíquico e social.

Convém chamar a atenção para uma situação toda especial: a das meninas que se envolvem em promiscuidade e excesso de atividade sexual, em reuniões e festinhas, desde o início da adolescência.Quase sempre são levadas por adultos que as seduzem e exploram. Pode tratar-se da existência de uma tensão neurótica na menina, estimulada pelo adulto e que encontra sua vazão numa intensa atividade sexual. Essas adolescentes prostituídas são também, quase sempre, portadoras de uma personalidade patológica, histérica. O psiquiatra considera esses casos como sendo de conduta desviada, aberrante e fazendo parte de psiquismo total do paciente, mas esse ponto de vista não é endossado pelos advogados que vêem na conduta de prostituição um desvio caracterizado dos padrões sociais, e mais ainda, uma forma de delinqüência, de atividade anti-social, de um insulto, enfim, à sociedade organizada.

## *9. Educação sexual do adolescente*

Segundo SKOTTOWE, a educação sexual do adolescente abrangeria *três fases:*

1. Entre os 8 e 12 anos de idade, seriam dadas aulas de educação sexual para ambos os sexos, porém separadamente. Essas aulas abordariam temas biológicos elementares sobre reprodução, evitando aspectos de coloração psicoemocional.

Os pais poderiam dar esses esclarecimentos (independentes de outras perguntas que as crianças pudessem fazer), porém, seria preferível que fossem dados por professor, emocionalmente neutro com relação às crianças.

2. A segunda fase da educação sexual estaria situada entre os 12 e 15 anos de idade. Seriam dadas aulas por médico ou psiquiatra, sobre aspectos psicoemocionais dos problemas sexuais.

Os pais deveriam estar avisados de antemão a respeito da realização de tais aulas, devendo ter dado consentimento aos filhos para assisti-las.

Para isso, muitas vezes se faz mister um preparo prévio dos pais, no sentido de esclarecer os próprios pais sobre a necessidade de *educação sexual* do adolescente.

Em geral, o adolescente prefere conversar sobre assuntos tão íntimos com outra pessoa (médico ou educador) e foge ao contato com os pais, por maior que seja a camaradagem e a sinceridade existentes na família. Se os pais tentam forçar essa intimidade, desejando obter do adolescente confissões sexuais ou exposição de dúvidas e problemas, somente pioram a situação, afugentando os filhos e tornando insustentável o clima doméstico que se estabelece.

O adolescente é muito ressentido com o que considera "seus assuntos particulares" e não deseja em geral compartilhá-los com os pais. O confidente escolhido é um colega da mesma idade ou adulto estranho à família (médico, padre ou professor).

Não devem os pais encontrar motivos de ofensa nessa atitude do jovem, que revela com isso a estranha atitude de pudor e reserva que caracteriza a idade do adolescente. Pelo contrário, a compreensão bondosa e afetuosa dos pais auxiliará imensamente o adolescente.

3. A terceira fase abordaria os problemas sociais do sexo (especialmente as moléstias venéreas, a prostituição, o adultério, relações sexuais extra-matrimoniais, a mãe solteira, etc.) e seria dedicada aos jovens quase adultos já em vias de terminar os estudos escolares e dispondo-se a trabalhar.

Essa orientação poderá ser feita em grupos, devendo sempre haver, no entanto, a possibilidade de contato individual com o adolescente, no caso de este assim o desejar ou necessitar.

Quanto à *educação sexual* por *parte dos pais*, deveremos insistir em que sua atitude seja calma, confiante, emocionalmente serena e segura perante os problemas sexuais dos adolescentes. Em outro trabalho (*) assinalamos a linha de conduta, com as possíveis adaptações a cada tipo de pais, na orientação sexual dos jovens.

A *menina* deverá receber instruções sobre a menstruação, caracteres sexuais secundários, fecundação, gravidez e parto, desfazendo-lhe possíveis preocupações, tabus, superstições e muitos desajustamentos psicológicos ligados à vida sexual feminina e originários das fantasias e explicações imaginárias comuns na meninice.

O *rapaz* deve ser esclarecido sobre ereção, ejaculação, polução noturna, masturbação, prostituição e moléstias venéreas, característicos sexuais secundários, etc.

De preferência, quando são os pais que orientam, as meninas serão esclarecidas pela mãe e os meninos pelo pai.

Cada sexo deverá ser informado também das características biológicas e funcionais do outro sexo. Particularmente, deverão os responsáveis esforçar-se por alienar dos assuntos sexuais a idéia de que se trate de assuntos "vergonhosos, imorais ou indecentes", considerando-os de uma forma neutra, como qualquer outro problema psicobiológico.

Um fator incontestável de progresso e evolução deve-se, indubitavelmente, à maior participação da mulher nas funções sociais, disputando com o homem cargos até então privativos do sexo masculino. Desde a moda (unissex) às universidades, desde os cargos no comércio e economia até a indústria pesada e altos cargos de diretoria, a mulher tem demonstrado capacidade, interesse e decisão no sentido de lutar pela igualdade dos direitos com o homem.

---

(*) V. *Educação sexual na escola e no lar*, Edit. IBRASA.

CAPÍTULO 8

# ADOLESCÊNCIA PROBLEMÁTICA E PATOLÓGICA



## *1. Características do adolescente normal*

A observação e estudo da adolescência nos leva à constatação de todo um quadro de características que podem ser consideradas típicas dessa faixa etária e que, fato fundamental e significativo, apesar de muitas vezes negativas, constituem, entretanto, situações psicoemocionais que fazem parte integrante do crescimento e desenvolvimento dos jovens. São sintomas necessários, inclusive, como estímulos e pontos de passagem no amadurecimento do adolescente e devem ser assim observados, julgados e colocados sem uma conotação patológica ou tidos como manifestações irrecuperáveis.

Assim, podemos citar como características próprias da adolescência: 1. uma certa preocupação com o estado físico e a saúde, aceitando-se, no entanto, com plena realização de sua capacidade corporal de aguda percepção sensorial; 2. a aceitação gratificante da própria "imagem corporal", das modificações percebidas em seu corpo, das mudanças físicas da puberdade e alterações psicoemocionais que acompanham o despertar das emoções da sexualidade. É normal, entretanto, uma certa sensação de "embaraço e constrangimento" inicial com essa nova "imagem corporal", que vai cedendo à medida que o jovem se habitua ao seu novo corpo; 3. aceitação da função sexual própria, sem receios, complexos ou atitudes de fuga, de retraimento ou compensação, e com expressão psicossexual natural no brinquedo e fantasias (X. Fantasias do Adolescente); 4. uma sensação de orgulho e crescente confiança em si mesmo; 5. exibicionismo e ostentação ingênuos de sua força e capacidade, comparando-se favoravelmente aos outros; 6. a sensação de depender progressivamente menos dos pais e dos outros, apesar de eventuais recaídas; 7. um controle melhor organizado dos impulsos, cedendo menos vezes aos ímpetos de raiva, aos caprichos, cenas de ciúmes, desafios sentidos na atitude agressiva ou defensiva dos outros; 8. uma "instabilidade de ação e temperamento" caracterizada como uma "sensação pendular, oscilatória", de ambivalência com relação à dependência dos pais, ao desligamento do ambiente familiar e a novas experiências; 9. a ousadia nova de "comparar" os pais com outros pais, colegas e adultos, tentando a "desmitificação" dos ídolos (II. Desmitificação dos Ídolos); 10. a consciência do "mundo natural": vida, morte, nascimento, poluição, alimentos naturais e integração; 11. a integração na realidade a respeito do mundo, embora ainda com bastante subjetividade; 12. a capacidade e o desejo de competição; 13. a admissão e apreciação da interação de amigos e colegas, aliadas à intensa sugestionabilidade a influências externas, com identificação e adoração do "herói".

E mais: 14. o respeito à obediência coletiva das leis sociais, regulamentos e normas, além da aceitação do "espírito esportivo"; 15. a preocupação de conhecer, pesquisar e explorar o ambiente; a escola, vizinhança e a comunidade, como elementos básicos à experiência socializadora; 16. a evolução do raciocínio lógico, contraposto à decisão emotiva e puramente afetiva, com o pensamento intuitivo atingindo um nível operacional concreto e objetivo; 17. a resposta psicoemocional positiva ao aprendizado; 18. a persistência do pensamento ainda egocêntrico; 19. uma certa insegurança aceitável, a respeito de si próprio e do seu futuro; 20. a aquisição de uma consciência de si mesmo, como pessoa física, psíquica e social; 21. o receio de se expor física, psíquica e socialmente a críticas e opiniões alheias; 22. uma sensação de ser "diferente" dos demais e a preocupação em saber se os outros adolescentes também "sentem" o mesmo; 23. o receio constante de insucesso e inadequação; 24. um nível elevado de aspirações e ambições em algum campo de atividade e realização humanas; 25. uma atitude de rebeldia e conflito com a autoridade, sejam os pais, professores, médicos ou polícia; e até 26. um desejo intenso de liberação e independência em todos os sentidos.

Podemos completar essas considerações, acrescentando: 27. um tipo de raciocínio e conduta que oscilam entre um estado de dependência infantil e uma sensação de independência adulta, caracterizadas por crises de raiva e rebeldia ativas ou passivas; 28. uma nova capacidade de auto-observação com introspecção e preocupação com possíveis defeitos reais ou imaginários da personalidade; 29. a noção crescente de ser a conduta motivada por sensações internas problemáticas (mais freqüentemente contradições e ambivalência); 30. uma nova capacidade de lidar honestamente com sentimentos dolorosos para o adolescente e de discuti-los francamente; 31. uma capacidade de autocrítica e de aceitação de mudanças; 32. uma nova capacidade de utilizar o humor para enfrentar e lidar com os acontecimentos; 33. a necessidade de contar e confiar num "amigo íntimo", quase sempre mais velho que o adolescente e que seja possuidor de traços e qualidades desejados pelo jovem; 34. um senso de competência e prazer, derivados de suas atividades (escola, emprego), atividades físicas e relações interpessoais; e finalmente, 35. a capacidade de utilizar a afirmação do sucesso passado ao lidar com a ansiedade ligada aos projetos do futuro.

Com pequenas variações e alterações, seria esse o comportamento adequado do nosso adolescente. Quando essas variações e alterações se afastam, progressivamente, da média, começando a chamar a atenção dos circunstantes, daqueles que convivem com o adolescente, dizemos que o jovem está sofrendo um processo de desajuste que pode levá-lo a uma neurose ou psicose.

## 2. *Comportamento problemático*

Uma conduta que se caracteriza como desajustada é denunciada, não só pelos participantes do ambiente familiar do adolescente, como também pelo próprio jovem que se sente "alienado, fora do contexto" na célula familiar. Essa conduta se caracteriza, essencialmente, por: 1. uma ansiedade acentuada e supersensibilidade a novas experiências, como afastamento do lar (por escola, viagem, trabalho, etc.), freqüência à escola, relacionamento novo, primeiro namoro, separação das pessoas conhecidas, etc.; 2. falta de concentração, dificuldade na aprendizagem, falta de motivação nos estudos; 3. atitudes delinqüentes: exibicionismo, mentira, furto, explosões temperamentais, conduta anti-social (desordens, agressão e violência, etc.);

4. comportamento regressivo: enurese (urinar na cama, à noite), encoprese (perda de fezes por incontinência), voracidade (apetite incontrolável), choro freqüente e imotivado, medos injustificados e irracionais; 5. maneirismos compulsivos: rituais e tiques; 6. moléstias somáticas de origem psíquica (psicossomáticas): alterações na alimentação (anorexia, voracidade), no sono (insônia, sono excessivo), erupções, dores, mal-estar indefinido; 7. medo irracional e injustificado de doenças e lesões corporais (acidentes, queimaduras, quedas, ferimentos); 8. atritos e rivalidades com colegas, irmãos e adultos, de forma exagerada e francamente desajustada; 9. discussões e conflitos constantes por motivos irrisórios; 10. fortes tendências destrutivas; crises de raiva, destruição de objetos (clastomania); 11. inabilidade ou incapacidade de fazer as coisas por si mesmo, de tomar decisões, de expor opiniões; 12. temperamento imprevisível e necessidade de isolamento: receio de se expor à crítica alheia, poucos amigos ou relações pessoais.

### *3. Comportamento patológico*

A situação psíquica pode agravar-se mais ainda, transformando-se a conduta em manifestação francamente anormal e exigindo a intervenção de um técnico em comportamento ou psiquiatra. Nessa fase encontramos: 1. uma alienação e retraimento excessivos, com recusa total de ver quem quer que seja, trancando-se o adolescente em seu quarto, horas a fio; 2. um estado de acentuada apatia e indiferença perante o ambiente, seja familiar ou social; 3. um estado de profunda depressão e tristeza; 4. tendências à autodestruição (suicídio) que exigem uma constante vigilância da parte de familiares e do médico; 5. incapacidade completa no aprendizado; 6. dificuldades na fala, especialmente gagueira; 7. conduta anti-social excessiva e incontrolável: violência e agressividade, destruição, mentira crônica (mitomania), roubo, crueldade intencional com animais e seres humanos; 8. comportamento compulsivo-obsessivo severo: fobias, fantasias e rituais que devem ser respeitados sob pena de graves penalidades; 9. incapacidade de distinguir entre a realidade e a fantasia; 10. exibicionismo sexual excessivo: "streaking" (nudez em público), eroticismo, assalto sexual, promiscuidade excessiva, etc.; 11. moléstia psicossomática de caráter mais grave: deficiências no desenvolvimento, magreza excessiva, obesidade, anorexia, hipocondria, dismenorréia (distúrbios da menstruação), etc.; e finalmente, 12. completa ausência de relacionamento pessoal e com outros indivíduos.

A descrição dos sintomas acima mencionados corresponde a um quadro de deterioração do comportamento, equivalente ao que consideramos "personalidade psicopática". Uma personalidade psicopática pode ser definida como "uma personalidade anormal que sofre e faz sofrer a sociedade". De causa possivelmente orgânica cerebral (encefalite), podemos apontar outras causas, além da individual, como a influência do meio ambiente e a influência conjunta indivíduo-ambiente. A personalidade psicopática se caracteriza por: 1. anomalias nas respostas emocionais e no comportamento, verificáveis desde a infância; 2. ausência de defeito intelectual evidenciável; 3. recorrência episódica de anormalidades de comportamento; 4. incapacidade de aproveitamento da experiência, de forma que a punição não tem o menor significado para o indivíduo; e 5. não existe no indivíduo conceito de julgamento, previsão e cautela habituais, o que o torna uma pessoa amoral.

O adolescente portador de personalidade psicopática constitui um risco permanente para os familiares devido aos atos e atitudes impulsivos e sem consideração por quem quer que seja. Sua amoralidade faz com que não se preocupe nem perceba a extensão dos danos e lesões que causa. Esses casos são rebeldes ao tratamento e à orientação, sendo mais sensíveis, em alguns casos, ao tratamento em grupo do que individualmente.

## *4. O adolescente e o psiquiatra*

Os adolescentes devem ser considerados por todos que entram em contato com eles como "pessoas" e não "problemas", ou "indivíduos problemáticos". Essa abordagem inicial irá facilitar, de maneira incrível, o relacionamento favorável que todos (pais, professores, psiquiatras, médicos, técnicos de comportamento, juízes, assistentes sociais e outros) desejamos ter com o jovem, desde a primeira entrevista.

O desejo da grande maioria dos adolescentes, ao iniciar um contato com o médico, é o de falar bastante, dentro de certas condições de liberdade, atenção, compreensão e oportunidade. O adulto deve ao jovem essa possibilidade, a fim de poder escutá-lo e senti-lo com maior profundidade. O importante é que a vez de falar seja do adolescente e não nossa. No diálogo entre médico e paciente adolescente, o jovem é a personalidade mais importante do encontro. Quanto a nós, diremos apenas o estritamente necessário, não nos mostrando muito especulativos nem intrometidos. Não devemos fazer perguntas embaraçosas, que possam perturbar emocionalmente nosso jovem interlocutor. Para os adultos, é mais fundamental saber ouvir e ouvir do que saber o que dizer.

Desde que o adolescente comece a falar, ouça com atenção e não interrompa; evite comentários, expressões de surpresa ou aprovação e, principalmente, resista ao impulso de começar já a aconselhar.

Em alguns casos, o jovem não falará ou se o fizer emitirá apenas monossílabos como: sim, não, talvez, não sei, é, é isso, ou então responderá por gestos ou movimentos de cabeça: sim-não. São os casos em que provavelmente a jovem ou o jovem vieram ao contato, coagidos, forçados pelos pais e pouco à vontade. Sua atitude constitui um desafio, uma forma voluntariosa e rebelde de enfrentar o psiquiatra e a situação.

Nessas condições, nosso mutismo encarando o jovem e esperando que ele fale terá, certamente, um efeito negativo. Melhor será, então, iniciar o fio da conversação sobre qualquer assunto menos sério, como cinema, esportes, música pop, idéias de reforma, astronáutica, magia, ficção científica e outros. Com as personalidades mais resistentes, podemos recorrer a uma discussão sobre "os problemas dos pais". Se, de todo, nada obtivermos em matéria de reação do adolescente, o melhor que temos a fazer será adiar a entrevista para uma próxima e mais oportuna ocasião.

Muito nos informa, também, a *metacomunicação*, isto é, a comunicação não-verbal (por atitudes ou gestos) enquanto conversamos com o jovem. Como se apresenta ele? Tenso, contraído, preocupado, um ar de desafio, carrancudo e fechado? Pernas cruzadas, mãos cerradas? Na entrevista, a informação é sugerida, não apenas pelas palavras proferidas e sim por inúmeros fatores emocionais, presentes no adolescente e fazendo parte integral do seu comportamento. Não é tão significativo "o que dizem"; importa mais "como o dizem". É preciso em cada jovem acertar com os meios de nos comunicarmos com ele, muito variáveis de um para o outro. Freqüentemente, a atitude do próprio adulto, seja pai, professor ou psiquiatra, poderá condicionar um contato vantajoso ou prejudicial com o adolescente.

Os temas abordados deverão ser, nos primeiros contatos, os mais gerais possíveis, não existindo vantagens em nos determos em assuntos especiais ou muito íntimos, como, por exemplo, sexo, situação social, traumas sofridos, etc. Se o adolescente permanecer totalmente silencioso, apesar de todas as tentativas, o melhor será não prolongar a tensão do ambiente, terminando-se a entrevista e marcando-se novo encontro. Começaremos então tudo de novo, na próxima oportunidade.

Os contatos com os familiares (pais, irmãos, parentes) deverão ser mantidos para esclarecimento, porém é preferível que o adolescente não seja informado a respeito. Dada a sua desconfiança (pois ele já está convencido de que o psiquiatra é "alguém a serviço dos pais"), o fato de o jovem estar a par das entrevistas com os familiares poderá ser prejudicial ao nosso relacionamento com ele. Em muitos casos, os familiares poderão necessitar de tratamento, tanto quanto o adolescente.

Aceitando a orientação da terapia, o adolescente vai realizar uma "*transferência*" especial, diferente da realizada pelo paciente adulto: ela se caracteriza pelo fato de o adolescente identificar o médico ou psiquiatra como uma figura heróica, digna de ser imitada. O médico-herói não erra nunca e seus elogios ou advertências ao jovem estão carregados de uma emoção que não tem comparação com a de qualquer outra pessoa. Já a transferência do adulto se reveste de um caráter infantil de imaturidade e dependência do paciente em relação ao terapeuta, modelado pela imagem dos pais nos primeiros e mais elementares relacionamentos com a criança.

Outro aspecto fundamental no relacionamento médico-adolescente é o da chamada *"contratransferência"*, isto é, os sentimentos íntimos do próprio médico e as atitudes que assume em relação ao paciente. Há momentos em que o médico é arrastado pelos próprios sentimentos que influenciam suas reações, positiva ou negativamente, podendo causar um envolvimento, muitas vezes, indesejável – por raiva, ciúmes, medo de insucesso no tratamento, suborno e sedução pelas atenções dos jovens (rapazes ou moças), tornando-se superpossessivo, rejeitador, perfeccionista ou prepotente para com o paciente. É preciso manter um equilíbrio objetivo e constante, lembrando a todo momento o tipo de nossa função e relacionamento com o paciente adolescente.

Se falharmos nessa precaução, correremos o risco de nos deixar iludir, vendo apenas um rosto expressivo e atraente, em vez do distúrbio psicopatológico que deforma sua mente.

É necessário, finalmente, lembrar que os médicos, especialmente os mais idosos, da mesma forma que os pais, tendem a desenvolver atitudes prejudiciais ao adolescente e seu tratamento. Podem estimular uma dependência emocional prejudicial ao adolescente; podem transmitir, sugerir e incutir no adolescente seus próprios sentimentos e atitudes, que podem ser negativas e destrutivas, e – freqüentemente – podem sentir ciúmes da juventude, do arrojo e potencialidades dos seus jovens pacientes, passando a hostilizá-los, causando-lhes prejuízo na terapia, ao invés de ajudá-los.

## *5. Problemática da família do adolescente*

A família integrante da sociedade em que vivemos deveria ser uma unidade autocontida e auto-suficiente. Espera-se que ela contenha em seus limites as tensões interpessoais, os conflitos, traumas e afetos, enfim, o progresso e desenvolvimento do grupo familiar. Deve, por outro lado, contribuir para a manutenção e estrutura da comunidade. O pai trabalha; a mãe trabalha também mas deve organizar e estruturar o ambiente familiar. Ambos devem cuidar dos filhos e tratar de que se desenvolvam dentro dos hábitos e expectativas de sua comunidade. Esse desenvolvimento se inicia com o aprendizado da linguagem, sendo as metas, valores e limitações estabelecidos pelos pais e pela comunidade em que vivem.

Entretanto, ainda que submetidas à coação e lei social, cada família goza de relativa independência e tolerância com relação ao seu meio social. As condições modernas dificultam um pouco a estruturação familiar expandida (tios, primos, cunhados, irmãos casados, avós), tornando mais complicada a proximidade das pessoas.

A própria casa em si pode oferecer problemas tais como a falta de espaço material, mau relacionamento com vizinhos, localização em bairros inadequados (cortiços, favelas) que irão acarretar dificuldades para os filhos adolescentes. Há também uma certa confusão nos valores e ideais aceitos tradicionalmente e os novos postulados impostos pelas alterações socioculturais. A falta de certas comodidades (quarto próprio, piscina, jardim, etc.) que o adolescente encontra na casa de colegas pode ocasionar revolta e inveja. Da mesma forma funciona o tipo do ambiente familiar, as personalidades dos pais e familiares, tão diferentes de família para família.

Estudando os problemas psicopatológicos dos adolescentes, concluímos que os distúrbios emocionais que apresentaram na infância e puberdade não foram atendidos por assistência psiquiátrica, ou por falta de médico ou pela longa demora em serem atendidos, especialmente nos menos privilegiados. Em alguns casos, o psiquiatra não se interessou por eles. Em geral, são as mães que insistem no atendimento psiquiátrico, o que as torna importunas, malvistas e malquistas nos ambulatórios de higiene mental, tanto pelos atendentes como pelos médicos. Poucos são os médicos, dotados de paciência, que "percebem" a queixa materna e atendem a criança ou o adolescente, interessados num diagnóstico e prevenção. O mais freqüente é que o psiquiatra considere a mãe "exagerada", a família excessivamente neurotizada e tensa, todos inseguros, emocionalmente vulneráveis ou mesmo, realmente, psiquicamente doentes os próprios pais, não a criança ou adolescente.

Realmente, em muitos casos, o adolescente é considerado uma "vítima" da problemática familiar, sendo então tratados os familiares, ou então, todos, por estarem todos psiquicamente doentes.

*Problemas pessoais*

Os estudos de CHESS e cols. indicaram que conflitos e agressões temperamentais entre pais considerados ajustados e seus filhos podem, eventualmente, levar a uma "neurotização" do ambiente familiar e de seus participantes. Essa neurotização se manifesta por distúrbios emocionais e doença psíquica. Os pais se tornam tensos, angustiados com os "problemas" dos seus filhos adolescentes e esses reagem a essa ansiedade com ansiedade ainda maior, traumas e sintomas de neurotização (reações desproporcionadas a estímulos mínimos). O processso é bilateral, podendo a ansiedade dos jovens determinar problemas físicos ou psíquicos, ou ainda psicossomáticos nos seus pais. A psicopatologia do ambiente familiar se alimenta dessas situações, agravando-as num verdadeiro círculo vicioso.

*Situações econômicas*

Está hoje aceita, sem debates, a influência das condições de vida dos grupos socioeconômicos de baixo nível sobre o desajuste, a aprendizagem deficiente e a conduta anti-social (delinqüência). Esse nível inferior repercute profundamente nas condições *materiais* (tipo de casa, comodidades, férias, lazer, higiene física, esportes, escola, etc.), *culturais* (hábitos, usos, linguagem), *sociais* (valores, ética, conduta), *religiosas* (convicções elevadas, religiões de magia e feitiçaria, grupos fanáticos, religiões exóticas, etc.) e *familiares* (vínculos conjugais, respeito mútuo, solidariedade, compreensão, etc.).

Essas famílias constituem verdadeira fonte de neurose e psiconeurose para os adolescentes que nelas se desenvolvem. São grupos familiares que moram nas piores casas, apartamentos minúsculos e apertados ou nos bairros periféricos com as piores condições de saneamento básico (água e esgoto) e higiene. Nelas, além do baixo nível econômico, quando existem problemas de abandono conjugal, tóxicos (álcool, drogas), saúde precária, péssimo relacionamento conjugal, perda de emprego ou qualquer outra crise existencial acidental (morte, ferimentos, cirurgia imprevista urgente, queimaduras, mutilações, etc.), é certo que esse acréscimo de problemas e dificuldades sociais vai acarretar traumas, revolta social e inconformismo nos adolescentes que ficarão sujeitos à atração da delinqüência.

Apesar de todo esse quadro negativo, quando se trata de uma família constituída (pai, mãe e filhos), os problemas e distúrbios psíquicos podem não desestruturar a organização familiar, preservando o equilíbrio mental dos seus componentes.

## 6. *Distúrbios mentais dos pais*

Torna-se necessário dar uma visão panorâmica dos distúrbios mentais dos pais, uma vez que as influências de contágio mental no ambiente familiar são inevitáveis e insuperáveis. E principalmente, deve-se dar ênfase à figura materna, que goza de uma importância relevante por ser quem mais próximo se coloca no desenvolvimento do ser humano, criança e adolescente.

Uma doença mental que se manifeste num dos pais tende a desagregar profundamente a estrutura familiar. Desde um leve desajuste até uma psicose grave, estabelece-se uma situação grave dentro do grupo familiar com repercussão séria nos adolescentes. Analisemos, resumidamente, os distúrbios que ocorrem com maior freqüência nos grupos familiares.

1. *Depressão.* – É mais freqüente nas mães jovens. Surge como uma perda da disposição e capacidade do humor e versatilidade; um estado de permanente flutuação e irritabilidade com sentimentos de depressão, fadiga e mesmo desespero, perda da libido, além de perturbações fisiológicas como insônia, inapetência e outras. O adulto se recusa a participar da vida familiar, da dinâmica do grupo à qual, até então, vinha contribuindo, voluntariamente, sua parcela. Mostra-se retraído, preguiçoso, lerdo, lento nas respostas emocionais, com crises freqüentes de choro imotivado. A sensação que nos dá é de que algo dramático e muito grave está ocorrendo, algo muito triste e desesperador. O estado depressivo do adulto é extremamente contagioso para os filhos, tanto as crianças como os adolescentes que se deixam impressionar pela falta de vitalidade do deprimido.

Em casos de depressão, deve ser feito o tratamento psiquiátrico e, também, uma orientação para os familiares (incluindo os adolescentes).

2. *Problema Psicótico.* – Em todos os casos de problemas psicóticos em que houve internação com afastamento do progenitor doente por algum tempo, a família deve ser preparada, por ocasião do período de internação e também à volta do enfermo da instituição psiquiátrica. O clima familiar com seus inúmeros problemas, estresses e tensões emocionais pode ser pesado demais para o egresso do hospital mental. Por isso, os familiares devem ser cuidadosamente orientados, a fim de poupar ao máximo o convalescente, não o tratando, imediatamente, como alguém inteiramente são. O dia-a-dia familiar com suas coações e imposições físicas, mentais e emocionais pode tornar-se um estresse insuportável, quando o que desejamos é uma reabilitação completa, com o convalescente cercado de amor, carinho, consideração e proteção da parte de todos de casa.

Já é diferente a situação de um doente mental na família que não foi diagnosticado, ou, o que é pior, foi diagnosticado e está sendo oculto, deliberadamente ou inconscientemente, pelos familiares. Essa é uma situação gravíssima com conseqüências aterradoras e imprevísiveis para todos. Qualquer que seja a justificativa de um comportamento dessa natureza, o perigo potencial que encerra assume uma significação dramática e de conseqüências absolutamente inaceitáveis. O psicótico deve ser levado à assistência psiquiátrica, única atitude compatível com a dignidade e respeito que nos merece.

3. *Distúrbio Neurótico.* – Excessivamente freqüente, o distúrbio neurótico é, até certo ponto, compatível com a vida familiar habitual. O adulto,

ele próprio carente afetivo e emocional, transmite sua imaturidade aos filhos menores e adolescentes, através de atitudes que condicionam neles também a manutenção da imaturidade. Entre as manifestações dessas neuroses, devidas à imaturidade, podemos mencionar: depressão, erros de educação, traumas no desenvolvimento da própria infância e adolescência, problemas com a educação sexual, confusão entre os filhos e o esposo (no caso da mãe), dormir com o filho, de preferência ao marido, discussões conjugais, separação familiar, comportamento superpossessivo ou superprotetor, falta de confiança em si e nos outros, ciúmes obsessivos, favoritismo dos filhos, tratamento mimado, rejeição e perfeccionismo, fuga à realidade através de delírios e fantasias, fobias, etc.

O tratamento é psicoterápico, devendo ser tratado o progenitor doente, o casal e, às vezes, a família toda.

4. *Distúrbios de Personalidade.* – Atingem profundamente os adolescentes cujos pais apresentam esse tipo de enfermidade mental. Pais delinqüentes, psicopatas sociais, que tiveram infância infeliz, rejeitados e explorados, carentes de afeto, abandonados, cronicamente ansiosos e inseguros, que usam de violência contra os filhos menores e adolescentes, só podem constituir grave perigo para a formação da personalidade do jovem. São adultos que se intoxicam com álcool e drogas, se prostituem, não trabalham, passam a maior parte do tempo inconscientes e delirantes. Utilizam os filhos para mendigar, roubar, prostituir-se, enfim, para trazer-lhes dinheiro com que possam manter seus vícios e vagabundagem.

5. *Moléstia Física.* – O fato de um ou ambos progenitores sofrerem de alguma enfermidade física crônica que os incapacite tem significação para os adultos e para os adolescentes. Os adultos doentes se sentem inutilizados, tornam-se ansiosos pela impossibilidade de trabalhar ou colaborar na manutenção da subsistência familiar. Não querem sobrecarregar os compromissos da família com sua inatividade. Além disso, são extremamente sensíveis a atitudes sentidas como correntes "subterrâneas" no clima familiar: tensões, insatisfação, impaciência e descontentamento de filhos e familiares, pelo fato de estarem adoentados. A situação se agrava quando é o pai quem, devido a um acidente (um tiro disparado durante um assalto), perde a visão, tornando-se permanentemente inválido e dependente, perdendo sua capacidade profissional e seu emprego, definitivamente. Enfermidades físicas crônicas do adulto, como a asma, deficiências cárdio-renais, respiratórias, problemas intestinais e outros, criam verdadeiros traumas à personalidade dos filhos adolescentes com grande insegurança, receio da morte e preocupação ansiosa com o futuro. O adulto, por seu lado, inseguro com sua situação, começa a enfatizar, com hipocondria, seu estado; a preocupar-se com excessiva minúcia dos seus

sintomas, perturbando a todos em casa e agravando o estado habitual de tensão e preocupação com sua enfermidade.

A enfermidade física do adulto é, sem dúvida, uma causa constante de traumas e problemas psíquicos do adolescente.

6. *Ausência de um dos Progenitores.* – Estudos de COWIE demonstraram que existem maiores distúrbios psíquicos nos adolescentes cujo pai ou mãe foram internados em sanatório, do que quando neuróticos e presentes em casa. Isto se deve ao efeito deletério da agitação neurótica diária, como acontece também nos casos em que o progenitor recebe alta, parcialmente tratado, e retorna, ainda psicótico e recusando continuar o tratamento. Se ao menos um dos progenitores é psiquicamente sadio, a situação pode ser enfrentada, havendo uma compensação ao efeito traumático causado pelo doente.

Nos casos de separação familiar, os adolescentes sofrem menos quando a separação é feita com serenidade e sem conflitos conjugais, havendo um entendimento harmônico e bem educado entre os cônjuges incompatíveis. Já nas separações tumultuadas e agressivas, podemos encontrar, freqüentemente, traumas e situações mentais conflitivas e de ansiedade nos adolescentes dessas famílias. (RUTTER).

CAPÍTULO 9

# O ADOLESCENTE E OS TÓXICOS



## 1. *Dinâmica da toxicomania*

Como se não bastassem todas as preocupações, problemas, conflitos, traumas e a patologia da idade adolescente, encontramos ainda a grave situação do consumo de drogas. Entre aqueles que consideram as vítimas das drogas e do seu hábito (que é a farmacodependência) como seres voluntariamente imorais ou amorais e portanto merecendo sofrer as conseqüências de sua própria atitude, e os que acreditam ser preciso combater as drogas, a todo custo e de uma forma, muitas vezes, fantasiosa e quixotesca (e portanto impossível), colocaremos nosso ponto de vista dentro da realidade, o mais objetivo e prático possível. Em primeiro lugar, destaquemos o fato de que em nossa civilização atual os critérios divergem de local para local: assim, nos Estados Unidos, a dependência dos narcóticos é considerada um vício, enquanto nos países muçulmanos o alcoolismo é proibido e perseguido. Já em certas regiões do sudeste asiático, o consumo do ópio é considerado como um hábito tolerável e sem grande importância, um privilégio reservado, principalmente, aos idosos. Na América do Norte, o alcoolismo é ignorado como "droga" e só os abusos são levados em consideração. Portanto, a noção objetiva do que chamamos "realidade" se situa num termo médio, praticamente utópico e irreal.

O critério científico moderno considera os estados de dependência ao álcool, à morfina, aos barbitúricos, à cocaína, às anfetaminas, à maconha, às drogas alucinógenas como verdadeiras "doenças transmissíveis". Existe um "agente infeccioso" (a droga) que atinge o "hospedeiro" (a pessoa já dependente ou predisposta a tornar-se dependente). A "doença" é transmitida pelo "traficante" (vendedor de drogas) ou pelos já dependentes ("hospedeiros"). Uma importante divergência com as infecções patológicas reais consiste no fato de, no consumo de drogas, o hospedeiro ir procurar o agente infeccioso, fabricado ou colhido pelo homem, e por ele, intencionalmente disseminado no mundo inteiro.

Segundo a definição da Organização Mundial de Saúde (OMS), a toxicomania é considerada "um estado de intoxicação periódica ou crônica, causada pelo consumo repetido de uma droga (natural ou sintética). Para confirmar uma toxicomania, devemos encontrar: 1. um desejo ou necessidade incoercível (compulsão) de continuar consumindo a droga e de consegui-la de qualquer forma; 2. uma tendência a aumentar a dose consumida; 3. uma dependência psíquica (ou psicoemocional), e às vezes física, ligada aos efeitos obtidos com a droga; e 4. as conseqüências prejudiciais desse comportamento para o indivíduo em si e para a sociedade.

A distinção entre "hábito" e "toxicomania" é feita da seguinte maneira: No hábito, uma droga é tomada, repetidamente, sem a produção das características mencionadas e sem prejuízo para o indivíduo e sociedade; o hábito permite que a droga seja abandonada sem graves manifestações de dependência.

É importante lembrar que, além das drogas, qualquer medicamento pode agir sobre o organismo, estabelecendo uma necessidade, seja física ou psíquica, habituando o indivíduo ao seu uso contínuo. Assim os analgésicos (para dor-de-cabeça ou cólicas), os soníferos, os antialérgicos, enfim, uma série enorme de remédios, cujo abuso pode causar dependência.

Adultos que se mostram escravos de receitas, bulas e medicamentos fornecem um péssimo exemplo ao adolescente, de permissividade diante da ingestão repetida de substâncias medicamentosas, naturais ou sintéticas.

## 2. *Atitude do adolescente diante do tóxico*

No referente à atitude que assumem, diante do mundo e da sociedade em especial, os adolescentes se filiam a quatro grandes grupos: 1. aqueles que procuram fugir, através do álcool, das drogas, das neuroses e psicoses, e até do suicídio. São os que adotam a atitude de "fuga"; 2. os "clastomaníacos", que desejam destruir tudo que podem, apenas pelo prazer da destruição, não tendo em vista nenhuma proposta construtiva; 3. os "conformistas", que suportam os problemas sem compreendê-los muito bem, sem fazer nada para solucioná-los, visando apenas adaptar-se e sobreviver; e 4. aqueles que sabem que "alguma coisa anda errada", mas em vez de se entregar a um trabalho negativo e destruidor estão trabalhando e preparando-se para buscar uma forma de evolução do ambiente e do mundo. Estes são os adolescentes que adotaram uma fórmula positiva e otimista e que levarão a humanidade a algum progresso.

Aqui nos preocupam os jovens que consomem drogas e que, por sua vez, podem ser classificados em três grupos: 1. os que "desejam experimentar", que são, naturalmente, os mais numerosos. Para infelicidade da humanidade e do próprio adolescente, a droga exerce um estranho fascínio tanto sobre os jovens normais como os de personalidade problemática. As drogas são consideradas, por eles, como fontes diretas de prazer, de excitação e de satisfação, mais econômicas e mais desfrutáveis do que o álcool. Habitualmente, observamos jovens, não muito firmes em sua personalidade, atraídos por uma invencível curiosidade, vontade de experimentar, coagidos pelo ambiente, pelos amigos, pelos "veteranos" do consumo, e que, para não serem discriminados, humilhados, rejeitados e "objetos de gozação", enfim, para se sentirem "irmãos-de-fé" dos demais consumidores, resolvem aceitar também. É pelo desejo de tentar algo que todos estão tentando fazer algo que se opõe às idéias dos pais. São os que podem tornar-se dependentes pelo abuso do consumo, porém, também são os que melhor respondem a tratamento. 2. os que "procuram esquecer" e que são jovens com graves problemas psicoemocionais, distúrbios psicopatológicos familiares, problemática escolar, sexual, etc. Procuram fugir, através da droga, por algum tempo, porque sempre acabam voltando à difícil realidade. 3. os que "procuram mudanças de personalidade" e que são adolescentes com grave patologia mental que tanto consomem álcool como drogas, tentando, intensamente, alcançar um caminho para se transformar e que nunca conseguem. Os dois últimos grupos representam os casos de tratamento mais difícil e demorado, com freqüentes recaídas, principalmente no último grupo.

### *3. Diagnóstico de toxicomania*

Perceber que o adolescente está consumindo drogas é, dependendo do caso, bastante difícil e de muita responsabilidade, por se tratar de sintomas complexos, baseados por um lado na estrutura afetiva de sua personalidade, e, por outro, no meio ambiente a que pertence. Portanto, fazer-se um diagnóstico de consumo de drogas significa: 1. descobrir o consumo da droga e avaliar sua extensão e gravidade; 2. analisar com maior amplitude o estado físico e psíquico do drogado, e 3. analisar as repercussões sociais do grau de sua dependência. Uma vez iniciado no consumo da droga, o adolescente corre o perigo de tornar-se "dependente" ou seja ficar num "estado que resulta da interação entre um organismo vivo e um medicamento ou droga, caracterizado por modificações do comportamento e outras reações que implicam, sempre, um consumo compulsivo, obrigatório e habitual, seja contínuo ou periódico, com a finalidade de sentir novamente os efeitos psíquicos da droga ou de evitar o mal-estar de sua privação."

Convém esclarecermos que nem sempre a ingestão de uma droga vai produzir "farmacodependência". Infelizmente, com a exclusiva individualidade de cada personalidade, nunca sabemos o que poderá acontecer ao adolescente quando experimenta a droga pela primeira vez.

Para agravar as dificuldades e preocupação de pais, médicos e professores, os primeiros sinais do consumo de drogas podem passar despercebidos por duas razões: 1. pela variedade no comportamento do adolescente em sua especial faixa etária; e 2. pelo fato de mentir, de ocultar cuidadosamente, dissimular mesmo, seus pensamentos e atitudes. Interrogado por quem seja, se consome drogas, a primeira atitude defensiva é negar sempre, por medo ou cálculo. Em tais circunstâncias, podemos contar apenas com os seguintes pontos, para poder nos certificar de que está havendo, realmente, consumo de drogas da parte do adolescente: 1. o encontro da droga nos pertences do jovem poder ser uma prova ou não, mas já é uma suspeita a considerar; 2. o interrogatório, ainda que o jovem seja estritamente honesto, não pode excluir a possibilidade de mentir, quando se inquire que droga toma, quanto e quantas vezes. O mesmo sucede, com freqüência, nos casos de alcoolismo; 3. a presença do depoimento de terceira pessoa (amigo, professor, irmãos, parentes, testemunhas) que conheça o suspeito, com intimidade; 4. um exame físico demorado, para detecção de sinais físicos, se os houver; e, por último, 5. o estudo de alterações no comportamento do adolescente, de sua maneira de viver e que, a nosso ver, indicam com bastante agudeza a veracidade da suspeita de ingestão ou consumo de drogas.

Essas modificações de comportamento estendem-se ao lar, à escola e aos ambientes sociais do adolescente. No lar, encontramos alterações súbitas, inexplicáveis e imprevisíveis de hábitos e humor, atitude grosseira, isolamento afetivo (fechar-se no quarto, evitar conversas, respostas rudes), perda de apetite e peso, mal-estar físico, impaciência e irritabilidade, indiferença emocional para com os pais, irmãos e demais parentes. Devem chamar-nos a atenção, comprimidos que alguém da família consome e que desapareceram, inexplicavelmente; a descoberta de pós, pílulas, agulhas hipodérmicas ou manchas de sangue no banheiro. Os pedidos freqüentes que o jovem faz ao médico da família, de soníferos ou medicamentos que comprovadamente causam farmacodependência, devem despertar suspeitas. No trabalho, surgem freqüentes mudanças de emprego, absenteísmo (faltas ao serviço), problemas com os empregadores e colegas e falta de produtividade.

Na escola, constatamos diminuição gradual e acentuada do aproveitamento escolar, perda repentina do interesse, dificuldade na concentração e perda de memória. Há grande indiferença e atitude evasiva de um modo geral. Quanto aos ambientes sociais, observamos que o adolescente começa a freqüentar bares e inferninhos, a ter amigos "diferentes", encontros em lugares notórios pela presença de drogas e drogados, interesse por doutrinas que pregam, defendem e enaltecem o uso de drogas. Observamos que o jovem começa a voltar cada vez mais tarde para casa, freqüentando bairros e locais suspeitos e visados pela polícia.

É preciso, contudo, alertar pais e interessados no adolescente, que numerosos jovens adotam certas atitudes, similares às descritas, mais como símbolo e imagem de rebeldia e contestação, não se drogando, nem se tornando toxicômano, ainda que, ocasionalmente, experimentem as drogas. Devemos, portanto, tomar cuidado em não atingir conclusões precipitadas, afirmando diagnósticos falsos, baseados em premissas precariamente construídas e mal organizadas. O adolescente merece o benefício de nossa dúvida até o último momento, o momento da verdade inegável.

O que seria preciso evitar é uma atitude contínua de suspeita e alarme que prejudica o clima ameno e simpático do ambiente familiar. Sem cairmos na paranóia da droga e do drogado, devemos estar com os olhos e ouvidos bem abertos e atentos para situar as modificações de comportamento do adolescente que, essas sim, têm, realmente, muito importância na confirmação de uma suspeita ou na consulta ao médico.

## *4. Espécies de tóxicos*

Não nos interessa, dentro das finalidades desse trabalho, expor com minúcias a espécie, composição, origem, dose, manipulação, efeitos e manifestações de dependência das drogas. Entretanto, para conhecimento na prevenção da toxicomania, torna-se necessário mencionar as principais drogas conhecidas. São: 1. o álcool; 2. o ópio e derivados; 3. os narcóticos sintéticos (meperidina, metadona, alilprodina, benzetidina, furetidina, levofenacilnorfan, metazocine, norlevorfanol, fenazocine, piminodine, etc.); 4. maconha (*Cannabis indica, americana* ou *sativa*); 5. cocaína; 6. sedativos e tranqüilizantes (brometos, barbitúricos, meprobamato, etc.); 7. estimulantes (anfetaminas).

Ainda de acordo com o efeito psicofarmacológico, as drogas podem ser classificadas em: 1. *Estimulantes:* anfetaminas ou "bolinhas". Utilizadas como tratamento para emagrecer (anorexígenos), para combater o sono (por estudantes, motoristas, vigias, etc.); criam dependência psíquica e tolerância, exigindo cada vez doses maiores para surtir efeito; *cocaína,* obtida das folhas de coca. Estimulante muito forte, utilizado na medicina como anestésico local. Não é usada com freqüência pelos adolescentes, devido à dificuldade em obtê-la e pelo seu alto custo. O abuso da dose causa a morte por depressão cárdio-respiratória. Produz grande dependência psíquica; 2. *Tranqüilizantes,* grupados em *maiores* (fenotiazina, reserpina, etc.), que não são utilizados pelos drogados, e *menores* (meprobamato, clordiazepóxido, benzodiazepinas, etc.), que são usados e podem causar dependência física e psíquica; 3. *Depressores* (barbitúricos) são os mais freqüentemente utilizados. Uma dose excessiva pode causar um acesso convulsivo, o coma ou a morte; 4. *Narcóticos* (os derivados do ópio: morfina, heroína, codeína). Causam dependência física e psíquica, exigindo doses cada vez maiores. Uma dose excessiva pode matar; 5. *Alucinógenos* (LSD, maconha, psilocibina (cogumelo)), são causadores de delírios, alucinações ("viagens"), com alterações perceptivas auditivas, visuais, tácteis, etc. Há tendências ao suicídio, agressividade, sensações de vácuo, de desorientação no tempo e espaço. Tem efeitos sérios sobre os cromossomos do indivíduo, com lesões imprevisíveis nos óvulos e espermatozóides; 6. *Outros tóxicos*: cola de brinquedos plásticos de montar (pelo tolueno, tóxico violento que age sobre o cérebro, fígado, rins e sistema hemopoiético, causando lesões permanentes), tíner, laca, éter (de lança-perfume), gasolina, aerossóis, fluido de isqueiros, cola de sapateiro, etc. Além disso, são utilizados a aspirina, desodorantes, colírios, xaropes à base de codeína, antialérgicos, Clinitest e Saroma (um produto para amaciar a carne).

Ao que tudo indica, o problema que mais fere nossa atenção não seria, propriamente, o eventual consumo de uma droga e, sim, a possibilidade dessa substância causar ou não um estado de dependência física ou psíquica, estabelecendo-se uma escravização ou compulsão no seu uso, ainda mais com seu abuso. Uma experiência feita com a ingestão de uma droga, uma vez, não nos autoriza, pais, médicos ou professores, a "marcar" um adolescente como viciado ou drogado. Devemos ter sempre em mente que cada jovem experimenta o fascínio da droga pela qual se sente atraído. E, para maior infelicidade, a droga continua sendo utilizada como veículo perfeito na expressão da "contestação", da "revolta dos jovens" contra as dissimulações, hostilidade e agressividade (!) das gerações mais idosas a que pertencem os pais, professores, médicos e técnicos do comportamento em geral. Além de conferirem *status* de contestação, as drogas ainda podem ser usadas como "manifestação de virilidade" e como desafio ao "sistema", sendo, ademais, "senha mágica" para admissão a um "grupo privilegiado". Paradoxalmente, as drogas "respondem" a um apelo ilusório do adolescente no sentido de "apoio" à sua insegurança, de fuga e refúgio mágicos, de alienação de um mundo monótono, injusto e autoritário. Sinistras, ao mesmo tempo que consolam e embriagam, destroem no adolescente o que de melhor nele existe: sua saúde física e mental, sua personalidade, sua alegria de viver, suas esperanças e ideais, seu futuro.

## 5. *Causas da toxicomania*

1. A causa fundamental na utilização de drogas pelo adolescente reside num *ambiente familiar defeituoso e deficiente,* que conduz a um afastamento e alienação progressivos do jovem. Para tanto, contribuem: 1. o predomínio de interesses próprios, egoístas, dos pais, sobre os interesses coletivos, grupais, do ambiente familiar; 2. a falta de intercâmbio, de comunicação verbal e não-verbal entre pais e filhos, por falta de disposição, por divergências de pontos de vista, por intolerância mútua, por ciúmes dos pais em relação ao adolescente, por obstinação e, mais freqüentemente, por autoritarismo dos pais; 3. a falta de um afeto sincero, que possibilite a continuidade do amor, apesar dos conflitos e divergências que existam; 4. a falta de um pólo atrativo, feito de valores familiares, que aja sobre o jovem e possa situá-lo com referência aos componentes do grupo familiar; 5. a falta de uma discussão franca e honesta a respeito dos tóxicos e seus perigos, além de sua verdadeira significação simbólica.

2. A segunda causa, que nos parece básica também, está na *influência do meio ambiente social* que o jovem freqüenta. Nele funcionam: 1. más companhias; 2. maus exemplos (inclusive de mais velhos: amigos e profes-

sores); 3. leituras perniciosas e dissolventes do caráter (como relatos de drogados, enaltecendo as "virtudes" das drogas); 4. freqüência a ambientes drogados (lanchonetes, barzinhos, festinhas, festivais de música pop, discotecas, reuniões de amigos drogados) com todo o perigo da oferta e sedução do jovem que ainda não consome os tóxicos; 5. a permanência junto a escolas, clubes, locais de divertimento (cinemas, salões, bares, teatros) de "traficantes" disfarçados em pipoqueiros, vendedores de doces e balas, sorveteiros, etc.

3. A existência de uma *classe* de pessoas, artistas, intelectuais, professores, ociosos e demais elementos dissociados da sociedade organizada forma outra causa para as toxicomanias. Essa classe constitui uma sociedade "orientada para a droga" (Drug-oriented society), recebendo ainda o nome de "Underground". Tais elementos, alienados e revoltados, reclamam reformas e adotam o uso de drogas como "expansão e desenvolvimento da personalidade".

4. Outro fator na toxicomania seria a *ociosidade*, uma condição em que o adolescente dispõe de tempo demais, que não sabe nem precisa utilizar. Com essa disponibilidade, o jovem se encaminha para o vício como uma forma de "gastar" o tempo inútil que enfrenta.

5. A *liberdade individual excessiva,* a excessiva *permissividade* dos pais, a *falta de disciplina interna e externa,* a *falta de entrosamento lar-escola,* e finalmente, um *sistema de educação familiar instável e inseguro,* são todos fatores que, igualmente, contribuem para uma predisposição ao consumo de drogas, embora não possam, isoladamente, ser consideradas como causa única de toxicomania.

6. Uma das causas de toxicomania que, talvez, tenha passado despercebida, porém é muito grave, é, sem dúvida, o *exemplo de dependência* que os próprios pais fornecem ao adolescente. Porque os adultos se mostram, evidentemente, "dependentes" de inúmeros hábitos: fumar, beber, assistir TV, jogar, tomar medicamentos (aspirina, analgésicos, vitaminas, estimulantes, antifadiga, soníferos e outros). Mas nem sequer lhes ocorre que o adolescente poderia estar observando o que os pais fazem, aceitar como válido e imitar. Comer exageradamente (bulimia) pode ser um vício beber, certamente, o é. Mascar chiclés, mania de ordem, de limpeza, avareza, uso exagerado e prolongado do banheiro, excesso de ambição, colecionismo (moedas, selos, quadros, etc.) são, todas, atividades compulsivas, hábitos facilmente transformados em vícios. Essas manias também respondem à necessidade de fuga, à busca de algo necessário e inatingível; uma supercompensação para um vazio inexplicável e evasivo; uma ansiedade ligada, talvez, ao futuro, à responsabilidade, à expectativa ambiciosa dos objetivos desejados.

Outras causas, igualmente apontadas como propiciando o consumo de drogas, são: 1. a moda, que é acompanhada pelos adolescentes ávidos por "pertencer" ao grupo; 2. a curiosidade em torno da droga, estimulada às vezes pela bem intencionada atitude dos professores e orientadores em "esclarecer" os jovens, discorrendo sobre as drogas em aulas e cursos; 3. o desejo e tentação do "proibido" que é mais apelativo do que o permitido, como já vimos nesse mesmo capítulo; 4. a pressão grupal, fazendo-se sentir, direta e inapelável, sobre o adolescente coagindo-o a certas atitudes de consumo, sem que ele consiga recusar; 5. a disponibilidade dos "produtos" na praça, graças aos traficantes e demais iniciados; 6. a "permissividade" de certos grupos sociais de adultos inclusive, que convidam e assediam o jovem não viciado; 7. a mobilidade da vida atual (carro, moto, metrô) que favorece todos os contatos grupais; e 8. o contexto "patogênico" em que se estrutura a personalidade problemática e psicopatológica do adolescente predisposto à droga, com suas características carências, imaturidade, dificuldades de identificação, fatores psicossociais especiais (estudados em outra parte) e problemas psiquiátricos de personalidade.

### *6. Perigos*

Quanto aos *perigos* que o consumo de tóxicos representa para o ser humano, podemos considerá-los como: 1. o *mortal direto,* com o consumo de doses excessivas por via oral ou venosa. Nessa fatalidade devemos lembrar o risco da *"potencialização"*, isto é, o aumento da mortalidade do tóxico quando consumido com outra droga como o álcool que "potencializa" os seus efeitos, causando a perda de consciência ou coma e a seguir, a morte; 2. o *mortal indireto* por lesões secundárias à distância, como acidentes sépticos, hepatites, lesões cerebrais definitivas, etc. Nesse ponto, merecem especial destaque as chamadas "drogas *alienantes*" cujo consumo determina alterações mentais graves, freqüentemente *irreversíveis*, como o LSD com suas "viagens", as anfetaminas, a cocaína, etc.

### *7. Dependência*

Quanto à *dependência,* isto é, o tipo de ligação e submissão do paciente à droga, devemos aceitar três fases: 1. *hábito*, quando ainda não há dependência verdadeira, podendo a droga ser abandonada mediante o esforço do drogado; 2. *tolerância,* quando já se torna necessário aumentar as doses para se obter a mesma gratificação, demonstrando que o drogado está passando por uma fase de adaptação à droga; e 3. a *verdadeira dependência* em que o drogado não consegue abandonar o vício e abandoná-lo sem controle médico se torna realmente *perigoso.*

## *8. Personalidade do toxicômano*

Segundo autores ingleses, o toxicômano é "um indivíduo que só se sente normal quando ingere drogas". Outros, como WIKLER, definem o drogado como "sujeito ao uso compulsivo de agentes nocivos ao próprio indivíduo, à sociedade ou a ambos". Seja como for, interessa-nos, na análise da personalidade do drogado, salientar os três aspectos diferentes de distúrbios de caráter: 1. o desajuste ou alienação; 2. as perturbações de comportamento, e 3. toda a variedade de neuroses que podem acometê-lo.

As alterações psicopatológicas mais freqüentemente encontradas nos viciados são as seguintes: 1. uma sensação de onipotência, grandiosidade e pensamento mágico; 2. uma aguda desconfiança, de natureza paranóide, persecutória; 3. a incapacidade de relacionamento humano habitual; 4. uma exagerada valorização de si mesmo, correspondendo a um narcisismo acentuado, a ponto de achar que o médico deve sentir-se "honrado" por tratar do drogado e até deveria pagar ao paciente para poder lidar com ele, tão importante se considera; 5. o viciado faz de si mesmo a imagem de um sujeito calmo, frio e controlado, não agressivo, que trata a droga com pouco caso e desprezo (necessidade de compensação por sentir-se escravo da droga); 6. percebendo a hostilidade e rejeição da sociedade organizada, os toxicômanos, por sua vez, rejeitam o mundo, formando um grupo entre eles, que se aceita e utiliza a mesma linguagem (gíria de viciados) para se entenderem.

No drogado devemos encontrar: 1. um problema pré-patológico de personalidade; 2. tendências anormais de sexualidade e agressividade; 3. ansiedade dominadora no momento de tentar satisfazer suas tendências sexuais e agressivas pelas técnicas habituais; 4. conhecimento de um narcótico farmacologicamente específico para a satisfação de tais tendências; 5. a criação em si mesmo (compulsão) de uma nova necessidade para o uso de drogas; 6. respostas gratificantes e vantagens secundárias obtidas através do uso contínuo das drogas; 7. alterações nas relações intrafamiliares.

## *9. Medidas preventivas*

O combate organizado contra o câncer social das drogas é assunto bastante complexo e extenso, ficando ao encargo da polícia e governo e escapando, assim, à alçada de pais, professores, médicos e demais interessados na prevenção do uso de drogas pelo adolescente. A luta contra a disseminação da toxicomania, contra os disseminadores que são os traficantes e os próprios drogados, não pode ser empreendida por particulares. Desta forma, só podemos cuidar da orientação dos pais e das medidas de prevenção ao nosso alcance.

1. O característico fundamental na prevenção do consumo de drogas é o conhecimento melhor da personalidade de cada adolescente, da significação real e inconsciente que a droga assume para ele, das atitudes e problemas psicoemocionais que atravessa. Ajudando-o nesses aspectos, estaremos contribuindo com nossa parcela na salvaguarda do seu patrimônio físico, psíquico e social. O jovem que toma drogas ou bebe sente-se com dificuldades de integração na sociedade organizada, especialmente em estabelecer contatos. Sente-se realmente só, apesar de contar com muitos amigos e camaradas. Seu relacionamento é superficial e sem consistência.

2. A primeira advertência que se faz aos que desejam lutar na prevenção das toxicomanias é a de *fugir à proibição das drogas,* atitude que não representa solução alguma. Pelo contrário, *proibir* provoca no adolescente o respeito pela opinião própria, pela reafirmação do seu ego e pode induzi-lo a *infringir a proibição,* nem que seja apenas para se testar, para provar que quem toma as decisões sobre ele mesmo é o próprio adolescente.

3. Uma necessidade prioritária na prevenção é o estabelecimento de um diálogo franco e produtivo, sem agressão ou hostilidade, buscando dar ao jovem *uma informação segura, honesta, objetiva* e *direta.* Existem inúmeros adolescentes, visceralmente contrários ao uso das drogas e álcool e por esse motivo não podemos partir do pressuposto preconceituoso de que "todo jovem quer experimentar drogas". Geralmente, a recusa de consumir tóxicos, da parte do adolescente, está ligada ao receio de prejudicar a saúde e ao medo de se viciar, mais do que à proibição dos pais ou temor da punição. Não só os pais do jovem devem aconselhá-lo, como também os irmãos, os adultos significativos, professores, médicos e demais contatos sociais do adolescente. A exposição objetiva dos fatos referentes ao consumo das drogas, feita sem as habituais ameaças sombrias, proibições e prognósticos assustadores, vale mais como prevenção e funciona mais positivamente deixar que o próprio adolescente compare as informações, atinja suas conclusões e decida por si mesmo.

4. O *combate à ociosidade* (já indicada como causa de toxicomania) deve ser realizado com calma e eficiência. A prática de esportes, o cultivo da música (erudita ou popular), o exercício da imaginação (teatro, poesia, leituras), a montagem de miniaturas de plástico, as coleções de moedas e selos, discos ou tampinhas de bebidas, os passeios e piqueniques, são todos recursos e meios de preencher as horas vazias e inúteis de cada jovem.

5. Existe uma iniludível *necessidade de amor e carinho no adolescente.* Muitos pais acreditam que os rapazes necessitam menos de manifestações de amor e carinho que as meninas, uma noção errônea preestabelecida, um preconceito tolo. Todo jovem precisa de afeição e carinho tanto quanto as jovens, e não há razão para lhes negarmos esse conforto físico e moral

que os pais podem dar-lhes e que vai fortalecer e afirmar a personalidade de todo adolescente.

6. Apesar de sua natural tendência à libertação e a fazer tudo por si próprio, o jovem ainda espera *ajuda e orientação dos pais.* Isso se faz muito presente e necessário na seleção da escola e profissão do adolescente. Não sintam, portanto, os pais, timidez ou constrangimento ao aconselharem seus filhos e filhas adolescentes quanto ao ensino e carreira, sem, naturalmente, imporem ou coagirem os jovens a uma aceitação contrária às suas tendências e aptidões. Nessa área, podemos contar ainda com a ajuda de orientadores profissionais, institutos psicopedagógicos, testes vocacionais, etc.

7. Vivemos uma era de *consumo de bens.* A publicidade exagera nossas necessidades reais e utiliza todos os recursos, lícitos e ilícitos, para nos seduzir, convencer e induzir à compra de mil utilidades ou inutilidades. Devemos aos nossos adolescentes o conselho cauteloso ante esse consumismo excessivo que insiste em que se compre, compre agora, compre sempre, ainda que não haja necessidade premente. Essa avidez se faz sentir também em outros setores: tomar medicamentos ao primeiro sinal de resfriado, ao primeiro espirro; analgésicos à primeira pontada insignificante e passageira. Enfim, satisfazer "imediatamente" os desejos, assim que se manifestem. O que devemos ensinar aos jovens é *aprender a esperar,* a se controlar, ainda que se irritem conosco. Não tenhamos temor de perder o amor e a confiança do adolescente, somente porque lhe estamos dando uma boa orientação, uma orientação anticonsumista. Saber esperar, controlar a própria vontade, conseguir adiar, são atitudes úteis à formação da personalidade do jovem.

8. Excelente defesa para o adolescente ante a tentação de experimentar as drogas é poder *contar com um "lar adequado e equilibrado".* Nesse lar, será preciso que exista: 1. um clima de amor, confiança e respeito mútuo; 2. uma participação franca e aberta de todos, nos problemas diários de cada um; 3. uma ajuda mútua, espontânea, em benefício da convivência harmônica; 4. um ambiente, afetivamente quente e acolhedor, onde se possa sentir a segurança, o conforto e o apoio nos momentos difíceis; 5. a existência de "valores" importantes e objetivos elevados; 6. a possibilidade de cada componente familiar "sentir" que pertence ao grupo e pode contar com os outros. Todas essas características não impedem que haja, eventualmente, violentas discussões e tempestades familiares (que são humanas e naturais), violentos "pegas" de opinião e utilização de energia e disciplina, em vez de carinho e indulgência. No entanto, essas atitudes apenas provarão ao jovem que possui uma família "viva" e não um organismo automático e insensível.

9. Por outro lado, é de vital importância que os pais procurem *conhecer os "amigos e camaradas" dos seus filhos e filhas adolescentes.* Sem

adotar a conotação inquisitiva do interrogatório policial, devem se informar discretamente com o próprio jovem, aguardar suas respostas, e sobretudo evitar a impressão de que estão interferindo na vida particular do filho ou filha. Ouvir é mais importante e proveitoso do que perguntar. Não se deve humilhar o filho ou filha adolescente submetendo seus amigos a um interrogatório público em casa.

## *10. Atitude dos pais*

A primeira atitude dos pais, ao ficarem sabendo que o filho ou filha bebem ou se drogam, é a de franca incredulidade diante da informação ou mesmo da constatação. Tudo se passa como se os "nossos filhos" estivessem isentos do perigo ou tentação e só os adolescentes "dos outros" fossem sujeitos a isso. Além disso, os pais consideram que "seus filhos" jamais fariam isso (beber ou drogar-se) a eles, pais, como se os jovens, no momento de se entregar ao álcool ou às drogas, tivessem os pais em mente. No entanto, diante das provas repetidas, passam da dúvida à desilusão e à raiva. A descoberta, o flagrante de que o filho ou filha "estão consumindo álcool ou drogas", é feito quando se descobrem "cigarros (baseados)" em seus pertences, gavetas ou bolsos; pelo "cheiro característico de corda queimada (maconha)" no quarto ou banheiro, e principalmente pelas informações "de fora" (colegas, parentes, professores e vizinhos). O interrogatório que os pais fazem é tão cheio de irritação e frustração que o jovem responde, em geral, com mentiras e dissimulação, procurando ocultar a verdade.

A "idéia mágica" de que "isso só acontece aos filhos dos outros" é desfeita com brutalidade. Estamos diante de uma situação problemática, real, um fato consumado, chocante porém inalienável e inesquecível. Temos de enfrentá-la. O primeiro passo é procurar manter a calma, não se enfurecendo nem perdendo a cabeça. Não se deve, também, "colocar" o adolescente, logo, como "um alcoólatra inveterado, um viciado, um perdido". Ao mesmo tempo, não convém afastar os fatos como "mentiras" ou coisa de pouca importância. É fato grave e muito importante, mas é preciso esclarecer, primeiro, uma série de fatos: "É a primeira vez que fuma? Que bebe? Gostou? Apenas decidiu experimentar? Ou trata-se de uma certa freqüência no consumo do álcool e drogas?" Devemos, principalmente, observar o adolescente e procurar as alterações de seu comportamento e os indícios de fadiga, falta de concentração, menor capacidade de esforço e modificações dos hábitos familiares do jovem.

A calma dos pais, sem gritar, ameaçar, agredir ou ofender, é essencial em todos os casos. Sobretudo, não fazer dramas ou tragédias. É preciso ser *agora,* como foi sempre, *amigo e conselheiro de seu filho ou filha* que se acham em situação complicada, delicada e necessitado demais de carinho, compreensão e amor. Convém trocar idéias com a esposa e os irmãos do jovem drogado. Não se alarmem nem procurem parentes, amigos ou vizinhos, sob risco de "estigmatizar" o filho ou filha como "toxicômano, drogado, viciado, perdido, etc.". Ainda que mais tarde se verifique que não houve nada de sério ou que o jovem tenha feito um bom tratamento, esses parentes, vizinhos e amigos continuarão com o preconceito formado, podendo prejudicar a vida e o futuro dos seus adolescentes.

Uma ameaça que os pais fazem habitualmente e que dá resultados negativos é a de "internar em hospital, caso continue a tomar drogas." Essa tática, por impressionante que possa parecer aos pais, não passa de uma atitude ingênua e até infantil de coação dos pais e que não surte grande efeito com os adolescentes. Na realidade, poucos são os pais que, realmente, pretendem "internar os filhos drogados", a não ser por ordem médica. Por que, então, ameaçar em vão? Para se desprestigiar aos olhos dos jovens? Aliás, a internação hospitalar (salvo indicação estrita) não nos parece uma solução adequada para o tratamento do drogado, quando existem outras formas de terapia.

Devemos, também, explicar ao jovem drogado o efeito da droga ou do álcool sobre quem dirige, nada ou mesmo no trabalho. É preciso ensinar-lhe a importância da "recusa" ante qualquer tentação e o valor de saber "optar" diante dos tóxicos, deixando, entretanto, a decisão final ao adolescente, após dados os esclarecimentos necessários. É nessa situação que os adultos assumem sua verdadeira personalidade: amigos cordiais, generosos, afetivos e simpáticos, ou prepotentes, rígidos, hostis, intolerantes, neuróticos e antipáticos.

Apesar de todo o medo que sentimos como pais e mais o desgosto e a desilusão, devemos compreender que o adolescente que consome drogas é um indivíduo doente como outro doente qualquer, só que, muito mais carente de afeto, carinho, conforto moral e proteção. Não se deve rejeitá-lo nem isolá-lo. Ele precisa saber que, por trás dele, como um abrigo protetor, um respaldo amplo e aconchegante, encontram-se o seu lar, sua família e todos que o amam e aceitam.

Por essa razão, não devemos, no caso de um filho ou filha drogados, convocar parentes, amigos e vizinhos. Nem devemos mostrar-nos autoritários, violentos ou severos para com o adolescente sob suspeita ou comprovadamente drogado. Os únicos elementos, fora a esposa e irmãos responsáveis, que podem ser consultados, são o médico e o assistente social. E só com o auxílio deles é que os pais poderão ter a certeza de estar, ao mesmo tempo, ajudando o adolescente e preservando o seu futuro como indivíduo recuperado e íntegro.

CAPÍTULO 10

# RELACIONAMENTO SOCIAL DO ADOLESCENTE



## 1. *Áreas conflitivas*

O adolescente estabelece relações de forma rápida e íntima com grande facilidade com aqueles que demonstram por ele um interesse real e sincero e em quem possa confiar e respeitar, sendo também, por sua vez, respeitado e considerado digno de confiança. Com a mesma rapidez e sem prévio aviso, o jovem pode negar ou anular esse relacionamento, quando desconfia que está sendo "usado" pelos outros.

O grande interesse que o adolescente manifesta por si mesmo, narcisismo e exibicionismo, é outra das características dessa faixa etária. O interesse demonstrado pelo adulto em relação ao jovem não atenua essa característica: pelo contrário, tende a tornar o adolescente menos autoconsciente e mais dirigido à presença do seu mundo real e exterior. Seja como for, reage melhor aos seus "adultos significativos" – professores, médicos, instrutores de esportes – que manifestem uma preocupação genuína e respeito pelos pensamentos e atividades dos jovens.

Ninguém reclama tanta atenção sobre si mesmo como o adolescente. É por isso que devemos vê-lo, ouvi-lo, aceitá-lo e estimulá-lo como se não existisse mais ninguém presente no momento. Por outro lado, ninguém nos ignorará tão direta e convincentemente, quando os ofendermos ou nos esquecermos deles. Isso prova a intensa necessidade que o jovem sente, de desenvolver suas próprias idéias e teorias, a própria personalidade, a maneira de ser, uma filosofia de vida. Se nos esquecemos dessas peculiaridades e tentamos atender os jovens, tratando-os como faríamos a adultos ou crianças, só receberemos em troca respostas monossilábicas, curtas e secas, compromissos impontuais ou não mantidos e conselhos rejeitados com pouco caso.

Os conflitos dos adolescentes são bem mais superficiais e facilmente perceptíveis em comparação com os dos adultos, porque os jovens são mais comunicativos verbalmente até que as crianças. Tendem ao exagero, razão pela qual devemos ouvi-los com paciência e interesse, e tentar compreender o verdadeiro sentido que se oculta por trás do que nos dizem.

Gostariam, sem dúvida, de assumir atividades maiores do que parece possível e devemos aprender a respeitar sua ansiedade por um melhor reconhecimento e aceitação do valor que têm. Por essa razão é preferível estimulá-los e apoiá-los do que aconselhar-lhes que se recusem ou coagi-los à inação.

As *áreas* mais freqüentemente *conflitivas* são: 1. sexo; 2. aproveitamento escolar; 3. relações intrafamiliares; 4. aceitação pelo grupo; 5. confusão a respeito da função social; 6. busca da própria identidade; e especialmente 7. preocupação com o próprio futuro.

A *área sexual* constitui, para muitos adolescentes, matéria nova e perturbadora, podendo ser bastante complexa a adaptação de sua maneira de pensar e agir, bem como seu comportamento de resposta ao intenso impulso sexual sentido. Certas adolescentes consideram assustadora a perspectiva de se tornarem mulheres adultas e procuram esconder-se atrás de uma situação psicoemocional de fuga, buscando tornar-se menos atraentes fisicamente; comendo demais (bulimia); vestindo-se desleixadamente; relaxando os cuidados com a pele, cabelos, unhas e estética; adotando, enfim, uma conduta agressiva e, até certo ponto, masculinizada.

Já os rapazes, com dúvidas e receios quanto à própria masculinidade, tentam prová-la a si mesmos, através de um comportamento que, no seu íntimo, certamente estão longe de aprovar. Outros tornam-se confusos com os padrões sexuais morais que sempre aprenderam e conheceram, ao ficarem sabendo de práticas e "moral" de seus adultos significativos. Nessa área, muito do comportamento dos adolescentes depende do tipo de relacionamento mantido pelo jovem com seus pais. Quando esse relacionamento foi adequado, observamos como a adolescente consegue modificar sua ligação afetiva com o pai (situação edipiana) e aceitar, cada vez mais intensamente, a identificação com sua mãe, assumindo decididamente a função sexual feminina.

Similarmente, o rapaz tende a se afastar dos laços edipianos que o prendem à mãe, tornando-se agressivo e esquivo, para se aproximar e identificar com o pai.

É claro que os pais irão percebendo o constrangimento e perturbação do adolescente, agora esquivo e distante, sua intenção de diminuir ou até evitar beijos, abraços e afagos, a par de um interesse crescente por jovens do sexo oposto. É uma das características da organização da maturidade sexual no adolescente. (V. Maturidade Sexual).

## *2. Capacidade de raciocínio*

A aquisição gradual, porém consistente, de uma capacidade de raciocínio e de juízo, de preocupação com os processos abstratos de ideação, contribui para desenvolver nos adolescentes um estado de consciência objetivo e amadurecido, orientado para os problemas éticos, científicos e políticos. Intervém, além disso, no sentido de sua socialização, atraindo sua atenção para as questões de idealismo e coletividade, ao mesmo tempo que suplanta, gradativamente, o interesse egocêntrico em torno do qual centralizavam, quase que exclusivamente, sua preocupação. Há casos até em que os jovens se empenham, com dedicação fanática, à ciência, religião ou política, prejudicando, evidentemente, as outras áreas (família, escola, sexo, etc.), podendo trazer-lhes confusão e dificuldades.

De qualquer maneira, entretanto, o fundamental é que abandonam a preocupação egocêntrica para se dedicarem a interesses da coletividade.

## *3. A busca de identidade*

ERIKSON compara o adolescente "a um trapezista que, na metade do salto, se desprendeu do apoio seguro de uma situação anterior e deve agarrar-se a uma nova situação que o levará a um futuro ainda ignorado". Esse momento é chamado por ERIKSON de "crise de identidade" e considerado como distúrbio próprio de uma crise vital evolutiva.

O jovem passa por outras crises existenciais que perturbam seu equilíbrio psíquico, causando-lhe angústia: medo do vestibular (tanto de falhar como de ser aprovado); medo de trabalhar; do primeiro namoro; da primeira relação sexual; da morte ou doença grave própria ou dos pais; medo de se afastar de casa, etc. Essas crises vitais emocionais formam o que ERIKSON chama de "processo de desligamento" e que considera perfeitamente "natural" nesta fase da vida.

É uma fase em que o adolescente deve estabelecer sua verdadeira identidade, desenvolver uma filosofia de vida própria, formar suas próprias opiniões e decisões, enfim, constituir uma consciência individual, com projetos e esperanças para seu próprio futuro. Com a intenção de alcançar um objetivo tão significativo, deverá o jovem tornar-se um indivíduo independente, liberado da "colonização" dos pais, situação essa que para muitos adolescentes se mostra ambivalente, com oscilações periódicas entre os estados de dependência e independência. O adolescente mais inseguro e menos confiante em si mesmo será aquele com maiores dificuldades em se liberar da tutela dos pais e assumir sua independentização. Da mesma forma, os pais mais inseguros serão os mais possessivos, prepotentes, tirânicos e despóticos na manutenção da dependência do jovem, impedindo-o de agir e viver por si próprio.

Nessas condições, mais de um jovem se verá coagido a repelir, temporariamente, as opiniões, costumes e ideais do seu grupo familiar, para formar, independentemente, sua estrutura individual de vivências psicoemocionais. Adotará roupas, cabelos, hábitos e atitudes radicalmente opostos aos de casa, embora aos poucos, uma vez deixado livre e à vontade, possa voltar a integrar-se nos costumes e hábitos do seu grupo familiar.

Nossa atual civilização, imbuída de egoísmo e violência, consumista e acelerada em sua evolução, apresenta poucos valores novos e estáveis que possam atrair o adolescente. Essa sociedade tende a pressionar o jovem no sentido de uma tomada de posição e atitudes que apenas piora sua confusão. Daí a necessidade que sentem os adolescentes, com freqüência cada vez maior, de um período, um tempo, para poderem meditar e assumir as decisões que julgarem cabíveis para si mesmos. Qualquer uma dessas decisões que o jovem adote poderá tornar-se fonte de preocupações, de sintomas ou de comportamento anti-social, com sério comprometimento da estabilidade e equilíbrio do grupo familiar.

Exatamente por essa razão é que nos compete dar a devida consideração ao que os jovens pensam, procurando ouvi-los com atenção, percebê-los como realmente são, conversar com eles, tentando, pacientemente, compreendê-los e avaliá-los. Podemos afirmar, com absoluta certeza, que nesta fase da adolescência os jovens ressentirão, profundamente, qualquer atitude adulta de interferência, dominação, arrogância ou autoritarismo; que não aceitarão ver suas dúvidas sexuais menosprezadas, ironizadas ou desfeitas com explicações superficiais e infantis; ou seus argumentos a respeito de qualquer tema recebidos com sarcasmo, indiferença ou pouco caso.

ANNE FREUD, no seu livro "Adolescence", coloca com muita sensibilidade a situação psicoemocional do adolescente: "Considero normal o fato de o adolescente se comportar, por um tempo consideravelmente longo, de forma inconsistente e imprevisível; lutar contra seus impulsos e ao mesmo tempo aceitá-los; repelir satisfatoriamente os mesmos impulsos e deixar-se dominar por eles; amar os pais e odiá-los também; revoltar-se contra eles e, entretanto, ainda depender muito deles; sentir profundo embaraço em reconhecer sua mãe perante os outros e, inesperadamente, desejar manter conversas íntimas com ela; viver imitando e se identificando com os outros, ao mesmo tempo que busca sua própria identidade; ser mais idealista, artista, generoso e altruísta que jamais em sua vida, porém, igualmente o oposto: egocêntrico e calculista..."

Geralmente, procura-se dar muita importância ao comportamento do adolescente em casa ou na escola, quando, na realidade, o que importa é perceber o que SIGNIFICA essa conduta e que tipo de adulto esse adolescente irá ser mais tarde e que personalidade irá desenvolver em sua atuação no grupo social.

## 4. *Reações de ajustamento*

No trato com os adolescentes, devemos estar preparados para todo o tipo de "reações de ajustamento", incluindo as mais imprevisíveis. A essa situação, pode-se acrescentar a família e o grupo social do jovem, que entram igualmente nessa interação. Trata-se, evidentemente, de uma situação estressante para todos os envolvidos com os jovens. No início da adolescência, a fonte dos problemas psíquicos pode ser a reação às mudanças físicas e à significação intrapsíquica dessas alterações. Mais tarde, teremos os problemas centralizados na busca e formação da identidade do adolescente.

Pode-se encontrar, nessa fase estressante, todos os graus de psicopatologia: ansiedade, depressão, mania, distúrbios esquizóides e esquizofrênicos, perversões, alcoolismo, toxicomanias, alterações do comportamento, acidentes e doenças psicossomáticas. É fundamental considerarmos toda interpretação do comportamento adolescente numa perspectiva que inclua a fisiologia e a psiquiatria dos jovens, a dinâmica de suas famílias e os objetivos mais dilatados de sua cultura.

Existem diferenças que deverão ser consideradas no referente ao progresso interior do adolescente, rumo à maturidade. Um jovem pode crescer e se desenvolver sexualmente por completo, no curto prazo de 3 meses; outro poderá levar 4 anos. O crescimento físico de um poderá iniciar-se aos 12, de outro, somente aos 16. Alguns autores, como ROSENBAUM, por exemplo, chegam a admitir a interferência de fatores emocionais, agindo sobre a ocorrência temporal das alterações fisiológicas.

Convém, por outro lado, analisar as reações especiais da comunidade adulta em relação aos jovens. Ao que parece, os jovens são escolhidos como vítimas, mais do que qualquer outro grupo etário, até mesmo pelos próprios psiquiatras de adolescentes. A preocupação egoísta do jovem, sua inconseqüência, sua sexualidade vigorosa e florescente, especialmente seu negativismo e ruidosa manifestação emocional, facilmente colocam o adolescente em posição de saliência e tornam-no a vítima preferida da sociedade. Os psiquiatras de adolescentes, em certos casos mais do que os próprios pais e professores, suportam mal a irritabilidade e impaciência que sentem acometê-los, na categoria de adultos desafiados por problemas que lhes recordam a própria e mal vivenciada adolescência. Há, contudo, uma vantagem para o psiquiatra: ele pode ser um observador-participante na fabulosa experiência de auto-realização do adolescente, numa vivência intensamente pessoal que fornecerá novas perspectivas, tanto ao analista como ao analisado.

Quanto à mudança dos valores, são provocadas pelas novas e incessantes gerações adolescentes que criam valores diferentes dos de seus pais, à medida que vão amadurecendo. Tais valores novos são causa de muita fricção e conflito psicoemocional no ambiente familiar.

Ainda uma observação a respeito do conceito de normalidade e anormalidade na adolescência. Muito do desenvolvimento de uma problemática do jovem depende das expectativas que os pais alimentam a respeito desse desenvolvimento e da conduta do adolescente. Podemos "provar" que o adolescente se comportará de maneira imprevisível e inconsistente. E devemos nos preocupar quando a criança se torna adolescente, sem manifestar modificações na sua conduta.

Para o adolescente, estar ligado ao grupo significa uma influência profunda nesta fase de adaptação e transição. Há ocasiões em que o intercâmbio do jovem com seu grupo é tão sintonizado e fluente que sentimos grande dificuldade em separar as identidades respectivas. Nem sempre se torna claro o que existe no interior e no exterior da mente do jovem. No ambiente familiar, o adolescente se revolta. Fora da família, há um impulso vigoroso no sentido de aceitação das normas e ética do grupo. O adolescente procura "encontrar-se". Ainda assim, existe o perigo da "perda de identidade" no interior do grupo, ou da adoção de padrões de revolta e inconformismo excessivos e prejudiciais. O jovem pode fundir sua personalidade com as atividades grupais ou isolar-se (alienando-se) por completo. Pode estabelecer uma identificação positiva com o grupo ou negar-se a aceitar o grupo, afastando-se dele, numa espécie de isolamento defensivo. Portanto, terá de optar entre sedimentar sua personalidade ou abafá-la através de um comportamento defensivo. É comum ver-se o adolescente estabelecendo contatos com uma variedade de grupos, ligados entre si por interesses religiosos, recreacionais, intelectuais e econômicos.

Problemas muito graves podem surgir quando um ser humano, em fase de transição, se defronta com uma sociedade em transição, como a nossa. A insegurança do jovem se agrava e torna-se aguda: seus pais estão preocupados; os líderes comunitários e da nação demonstram preocupação; e o próprio adolescente se contagia com essa preocupação. Ninguém pode prever o que irá suceder. E todos temem o futuro. Entretanto, o objetivo do adolescente é crescer e se desenvolver; adquirir força, maturidade e confiança em si mesmo; encontrar sua identidade, seu lugar no mundo; preparar-se, enfim, para assumir sua função de adulto integrado e ativo.

## 5. *Valores*

Como figuras importantes, fundamentais mesmo, na formação da personalidade dos filhos ("adultos significativos" não só genética mas também psicoemocional e socialmente), os pais transmitem atitudes, comportamentos, superstições, filosofia da vida, preconceitos, tabus e valores. Esses valores pressupõem as noções éticas do bem e do mal; do que se pode e se deve fazer, do que não se pode nem se deve fazer; da religião, justiça, verdade e honestidade, política e moral. Os adultos devem utilizar o máximo cuidado de não desvirtuarem os valores que transmitem, através de inverdades, falsidade e malogro do que dizem à luz do que fazem.

O adolescente, habitualmente, se coloca numa posição de crítica e dúvida a respeito de todo e qualquer contato que manteve com o mundo exterior: pessoas, coisas e fatos. Rejeita, nessa fase, os preceitos e valores que antes respeitava, temia e valorizava. Muito dessa atitude crítica e de dúvidas dependerá da ênfase e fundamentação adequada do que lhe foi transmitido durante a infância e meninice. Se essa transmissão foi fraca e pouco resistente à crítica lógica; se não houve, da parte dos adultos, preocupação em planejamento e estruturação fundamentada dos valores a serem transmitidos, é mais fácil ao jovem rejeitar o que lhe foi ensinado. É o que sucede, essencialmente, no domínio da religião.

Como uma boa parte dos jovens está cada vez menos exposta a qualquer tipo de orientação moral ou religiosa (mesmo porque a maioria dos pais não se preocupa muito com essa orientação), é freqüente observar que os adolescentes passam por crises de descrença e vazio espiritual que podem chegar à negação da fé. A educação religiosa de tipo infantil, isto é, de um nível que não corresponde ao grau de cultura e exigência dos adolescentes de hoje, acarreta uma situação que não resiste à dúvida, crítica e lógica dos jovens.

Nesse estágio do seu desenvolvimento, o jovem está em condições de aceitar qualquer outra fé religiosa que possa apoiá-lo no processo crítico psicoemocional de reorganização de valores que está atravessando. Os aspectos místicos da personalidade do adolescente estão voltados para uma aceitação de valores religiosos em termos e concepções adultas, bem estruturadas e dentro de um raciocínio lógico adequado ao nível do jovem e afetivamente satisfatório.

Além do conselheiro religioso moderno que deve ajudar o adolescente místico a desfazer as dúvidas e críticas que alimenta quanto à religião, os pais têm também uma função fundamental no apoio que devemos ao jovem. Relatando suas crenças como adultos, os pais podem acrescentar algo às vivências religiosas ingênuas do adolescente, ao mesmo tempo que explicam o papel da religião na idade adulta. A igreja e a escola podem também contribuir para o desenvolvimento moral e espiritual dos jovens, assim como as revistas e livros sobre religião e que analisam e estudam, com maior amplitude e profundidade, a religiosidade e a moralidade.

Dentro de um contexto mais amplo, acredita-se (KONOPKA) que os jovens colocam altamente os seguintes valores: 1. *participação na tomada de decisões.* O adolescente considera da mais elevada importância e significação o fato de sua opinião interferir e pesar nas decisões assumidas, sentindo-se profundamente prestigiado e aceito, quando acatam e respeitam sua opinião e argumentos; 2. *honestidade no sentir e agir.* Para o jovem, a admissão autêntica do que sente e do sentir dos outros representa uma gratificação do seu ego e a possibilidade de "ser mais ele mesmo" perante sua própria personalidade e a dos outros do seu grupo; 3. *respeito pela aceitação* (ou mesmo a simples existência) de uma série de valores diferentes de indivíduo para indivíduo, de grupo para grupo, de família para família. Os adolescentes prezam intensamente a manifestação de respeito que os adultos demonstram pelos valores dos jovens, ainda que não sejam coincidentes com os aceitos pelos mais velhos; e 4. a *opção por valores espirituais,* que se caracterizam pelo desprezo dos bens materiais e renúncia à competição. Nesse sentido, observamos o desprendimento do jovem com respeito a posses, vestes, confortos materiais, luxos sofisticados de nossa civilização. Em alguns casos, a troca dessa situação pelas condições simples de uma vida no campo, com alimentação natural (sem aditivos ou alimentos sintéticos), em meio à natureza, sem a poluição das cidades. A renúncia à competição se faz sentir através da desistência da luta pela vida na selva das metrópoles, da inutilidade do ganho desenfreado, da cobiça e ganância dos bens materiais e do cálculo da renda destinada a um futuro remoto e imprevisível.

Muitos dos valores aceitos pelos jovens são recebidos, inicialmente, dos pais, amigos, irmãos, professores; mais tarde, predominam como padrões os valores dos líderes dos grupos sociais, dos amigos, do ambiente social a que estão sujeitos.

O grave problema que acomete o momento atual é o fato de que a sociedade em que vivemos não tem mais uma hierarquia estabelecida de valores de elevado gabarito e poder de resistir às dúvidas e críticas dos adolescentes e filósofos da época presente. Os valores que a nossa civilização ainda possui são poucos e se encontram em processo de rápida deterioração. Essa deterioração é responsável pela confusão dos adolescentes sobre a importância dos valores sociais e morais em suas vidas. Acrescente-se a isso a ação deletéria e destrutiva dos modernos filósofos que analisam tais valores criticamente e demolidoramente, sem nada construir.

Muitos adolescentes, diante dos aspectos de pobreza, fome, doença, injustiças, discriminação e outras práticas, indisfarçáveis, de nossa civilização, se sentem sensibilizados e revoltados. Sentem escrúpulos, culpabilidade e desejos de reformar a sociedade. Em quase todos os casos, pouco ou nenhum encorajamento ou estímulo são dados ao adolescente, pela comunidade ou família, diante de sua revolta. O jovem se sente perdido e só, buscando, às cegas, um caminho.

Nos dias atuais, a deficiência e total indiferença dos adultos na indicação de um caminho aos adolescentes é característica e deprimente. É, a nosso ver, muito mais perigosa e premente como causa e fonte dos distúrbios sociais, sejam universitários, políticos, religiosos ou sociais. Sem um caminho definido, afetiva e racionalmente justificado, qualquer caminho servirá ao jovem, como manifestação objetiva de sua revolta ao atual estado de coisas e ao indiferentismo dos adultos responsáveis pelos destinos do mundo.

Muitos adolescentes deixam de atingir suas metas altruísticas, sofrendo um desgaste moral que produz conflitos e incoerência em suas atitudes diante dos valores. Foi o que sucedeu na época situada entre as décadas de 60 e 70 do nosso século, em que inúmeros jovens se encaminharam para os movimentos de "protesto e contestação", chamados "hippies", numa tentativa de rejeição dos bens materiais, obtenção de objetivos altruísticos e valores espirituais autênticos. Muitos outros optaram pela alienação e drogas, ficando a alienação (que é a indiferença e o alheamento, com decadência das crenças e moralidade, seguida de despersonalização e desprezo dos valores) até hoje como a postura básica de muitos jovens ante a sociedade e seus preceitos apregoados mas não seguidos.

Para uns, esse alheamento é temporário, podendo durar até 5 anos; para outros, torna-se definitivo, até mesmo na vida adulta.

Muitos pais de adolescentes sentem-se incapazes de transmitir valores em que eles próprios não acreditam mais. É, pois, de recear bastante essa progressiva ausência de valores de que se vai ressentindo nossa juventude atual. Essa observação é válida tanto para os valores morais e religiosos como políticos e patrióticos.

Numa sociedade que não preserva, cuida e mantém seus preceitos, afirmando-os numa base lógica, adequadamente explicada e atualizada, o adolescente pode ser atraído para uma atitude de contestação desses preceitos, especialmente quando os encontra num estado de alienação, antagonizando a sociedade de que participa. Os adultos, pais e professores, políticos e orientadores, filósofos e estudiosos sociais, que se mostram excessivamente preocupados com a possível deterioração dos nossos valores sociais, morais, religiosos e políticos, deveriam dar mais atenção aos adolescentes, atualmente indiferentes e abandonados, descrentes de reformas, especialmente de uma salvação que ninguém mais promete, diante da corrupção dos costumes e do cinismo das posturas políticas e sociais.

## 6. *Fantasias*

Mecanismo de compensação, exercício de imaginação e criatividade, recurso de fuga diante de uma realidade penosa, a fantasia ou devaneio do adolescente, uma espécie de "sonho acordado", nasce, habitualmente, de frustrações ou desapontamentos com a situação existencial, real e presente ou por antecipações pessimistas e negativistas quanto ao futuro. Em seus devaneios, o jovem se transporta, mentalmente, para um tempo e espaço estranhos, longínquos e até mesmo extraterrenos; transcende seus próprios poderes e realiza atos e decisões que lhe seriam, normalmente, vedados ou impossíveis. A fantasia representa ainda uma fuga de situações adversas, negativas, causadoras de tensão e ansiedade insuportáveis.

Significa um exercício de criatividade e imaginação na medida em que o adolescente concretiza, através da fantasia, sonhos absurdos e situações que ele próprio reconhece como irrealizáveis. Em seus devaneios, os seus "adultos significativos" comparecem para assistir ao desfile colorido de imagens, desempenhando o papel de espectadores e juízes benévolos. Freqüentemente, o jovem assume a figura de uma espécie de paladino ou herói que, firme, honesto e valente sofredor, atravessa situações de martírio e sofrimento; é castigado, injustamente; perde seu único e puro amor, reconquistando, no fim, sua honra, seu valor e sua dama.

Os devaneios do menino giram, habitualmente, em torno de: funções adultas, viagens, sucessos profissionais, posses materiais (carro, barco, dinheiro); amigos; encontros sexuais (como reafirmação da virilidade); homenagens e grandezas, e, sobretudo, aventuras. Já os devaneios das garotas incluem, principalmente: atração sentimental; romances, cantos e danças; e atenções de algum rapaz. Também existem fantasias em torno de amigas, viagens e funções de adulto. Na menina, a fantasia estimula o desenvolvimento da "intuição feminina" através da qual a jovem analisa seus próprios sentimentos e os dos outros em várias situações e oportunidades.

Comuns aos dois sexos são as fantasias em torno de agressão (violência, paixão ardorosa, atos de desespero sentimental) e de amor (encontros românticos, passeios de carro e namoros). Outros temas incluem: ansiedade, culpa, depressão, sucesso, independência, felicidade, sexo (masturbação), conflitos éticos (entre o bem e o mal), impulsos edipianos, medo a doenças (especialmente as venéreas (venereofobia) e à impotência, nos meninos), e à lesão corporal.

Além da fantasia acordada (devaneios), temos ainda a considerar os sonhos, durante o sono, com toda sua simbologia.

Torna-se evidente que a função das fantasias é proporcionar ao adolescente uma válvula de escape, um mecanismo de fuga, um recurso psicoemocional para evitar sua exposição à crítica e opinião do outros, que são vistos como ameaçadores ao ego do jovem. O devaneio cria "situações gratificantes" que, apesar de fictícias, aliviam a tensão e a ansiedade dos adolescentes. Entendida nesses termos, toda fantasia boa ou má, isto é, agradável ou desagradável ao indivíduo (fantasia de doença ou morte, própria ou de parente, por exemplo, fantasia de terror ou acidente) serve de meio de escoamento da tensão ou ansiedade, ainda que faça sofrer a quem devaneia.

Com o tempo e a experiência, o adolescente acaba compreendendo que não pode, simplesmente, continuar *"fugindo"* a tarefas, situações e compromissos da realidade. O devaneio serviu à finalidade que lhe foi imposta: vivenciando na sua imaginação os eventos previstos, criando as situações fantásticas, o adolescente aprendeu a evitar erros e insucessos. Agora a realidade e sua situação dentro dela impedem-no de continuar perdido em fantasias e devaneios. Ele está sendo solicitado, e vigorosamente, a utilizar o tempo, o momento e a oportunidade de *"viver na realidade"*, através de uma aprendizagem real, a maravilhosa aventura de resolver seus verdadeiros problemas, com a aplicação de habilidades e conhecimentos que são atuais e concretos, aplicados sem a magia da imaginação e sem o escapismo da ficção científica.

## 7. *Comunicação*

O mundo atual está mergulhado na comunicação e o adolescente não poderia escapar ao fascínio que esse processo de ligação do ser humano com os diversos setores do mundo vivo exerce sobre ele. Vivendo numa civilização em que se tornou essencial "a troca ou informação de idéias, gestos, opiniões ou conhecimentos através da fala, escrita ou sinais simbólicos", o jovem adotou a comunicação, utilizando-a amplamente em todos os momentos de contato com os seres e objetos do mundo exterior. Enquanto a comunicação é de caráter universal, o diálogo assumiu a forma estrita da comunicação entre duas pessoas que tentam informar-se e comunicar-se mutuamente.

Na comunicação do adolescente, é preciso lembrar a interferência das três determinantes básicas da comunicação: 1. a *orgânica* ou *biológica,* resultante da utilização dos órgãos da comunicação (órgãos dos sentidos, aparelho de fonação, área de ideação do córtex cerebral, ritmos respiratórios e outros aparelhos do nosso organismo), que fazem parte do patrimônio genético individual; 2. a *social,* referente ao ambiente social do indivíduo e às pessoas que dele fazem parte, com suas vivências e manifestações; e finalmente 3. a *psicoemocional,* que reúne as experiências adquiridas, os conhecimentos, os traumas sofridos, as vivências, a capacidade e formas de adaptação individuais de cada ser humano. Essas determinantes agem estimulando ou prejudicando a comunicação. Assim, por exemplo, uma lesão dos órgãos dos sentidos, do córtex cerebral, do sistema de fonação, pode acarretar problemas de comunicação. Ao passo que a maior vivacidade mental, a facilidade de falar e de gesticular irão melhorar, sensivelmente, o grau de intercâmbio e informática da pessoa.

Por outro lado, um ambiente prepotente, colonizador e rígido pode tolher a espontaneidade da comunicação, causar problemas de gagueira, impedindo a ligação efetiva do indivíduo com seu meio ambiente. É importante considerar a atitude estimuladora dos pais, quando a criança começa a falar, tanto quanto sua atitude castradora e agressiva em relação ao adolescente e suas manifestações. Um ambiente familiar compreensivo e aceitador pode ajudar muito o desembaraço e a espontaneidade da comunicação do jovem. Por fim, consideremos os problemas intrínsecos e individuais de cada ser humano e sua interferência nos processos de comunicação: a timidez, os sentimentos de inferioridade, de inadequacidade e desajuste, os distúrbios de identificação e os problemas graves de desvalorização da personalidade, entre outros.

Mais do que em qualquer outro momento da vida, é na adolescência que vamos encontrar, exacerbada, a conduta eminentemente social e comunicativa, orientada, como citamos, por um complexo de fatores biopsicossociais. Sendo um elemento de rebanho, na adolescência, mais que em outra faixa etária, o homem sente, como penosa e altamente frustradora, a separação prolongada ou mesmo definitiva dos outros homens. Por essa razão, tentamos evitar o afastamento da companhia dos demais do grupo, ao mesmo tempo que envidamos todos os esforços para que continuemos e nos seja permitido continuar como indivíduos dentro do grupo, com todas as suas características próprias. Essa luta é percebida, em grau intenso, no jovem, embora pareça um verdadeiro paradoxo.

Para conseguirmos a companhia do grupo sem perdermos nossa individualidade, tentamos estabelecer um sistema de controle das desigualdades sociais que possam existir entre nós e os demais. Utilizamos certas técnicas como: 1. procurando contatos com outras pessoas, objetos e situações em circunstâncias semelhantes (vivências semelhantes); 2. através da comunicação, informação e comportamento (interação social); 3. através de conhecimentos partilhados e que justifiquem as diferenças (interpretação); e finalmente 4. através de medidas policiais ou repressivas que detenham as ameaças de "comportamentos diferentes do habitual" (ostracismo social, penitenciárias, hospitais psiquiátricos, etc.). No emprego dessas diversas técnicas, o adolescente, habitualmente, se revolta contra o uso da repressão como forma de proteção contra as desigualdades.

As dificuldades de comunicação no adolescente podem aumentar devido a outras causas também, como: 1. devido ao fato de o jovem se isolar do grupo, confinando-se a si mesmo (solidão, retraimento social, autismo); 2. devido ao receio da exposição a novos grupos (transição cultural); 3. através da aquisição de novos conhecimentos ou habilidades não partilhadas pelos outros (formação profissional ou cultural); e 4. por causa de vivências individuais e exclusivas, não partilhadas por outros, como crises vitais, enfermidade, dificuldades emocionais, aventuras e traumas.

Além dos recursos da tecnologia eletrônica muito avançada, o ser humano dispõe de recursos próprios que vão desde o olhar, o gesto, carinho, sussurro, grito e palavra até as punições, empurrões, beliscões, palmadas, mordidas, etc. Tais recursos são utilizados, constantemente, em nossa comunicação com os outros.

Principalmente fundamentais são os componentes da comunicação: o *conteúdo informacional,* de um lado, a própria mensagem informativa direta e simples; e do outro a *metacomunicação*, que é o conteúdo simbólico, inconsciente e subjacente ao conteúdo informacional. É especialmente a metacomunicação que diz respeito aos adolescentes que devem ser entendidos além das meras palavras. O olhar carinhoso ou irritado, um dar de ombros, a postura, uma lágrima furtiva, um gesto de enfado, quando percebidos no adolescente "informam muito mais" do que um vasto diálogo. O mutismo do jovem, por si só, informa demais; sua displicência e indiferença, sua impontualidade ou pouco caso são bem mais eloqüentes que mil palavras. É preciso "ver e sentir o jovem" e receber sua metacomunicação para entrarmos em sintonia com ele e podermos recebê-lo e aceitá-lo como é preciso.

Todas as tentativas precipitadas e desastradas dos pais para se comunicarem "à força" com seus filhos adolescentes, para "arrancarem as informações desejadas", estarão fadadas ao insucesso e à criação de um ambiente penoso, desagradável e constrangedor, totalmente desnecessário e inoperante no relacionamento familiar com o adolescente. Devemos poupar essa situação prejudicial, tanto aos pais como aos jovens.

O adolescente deseja se comunicar; está ansioso por falar, contar, expandir seu íntimo e relatar suas vivências. Mas precisa, para fazê-lo, de um clima, um ambiente cordial, quente e acolhedor, sem a angústia, a culpabilização que sente nos pais que se lhe afiguram ameaçadores e punitivos. No jovem, a comunicação interpessoal parece desempenhar um papel fundamental. É o diálogo com os outros adolescentes que se transforma em algo muito importante e precioso para o jovem, chegando a se tornar insubstituível e até mesmo a deprimi-lo, quando se separa dos companheiros e fica só. Permanecendo solitário por longo tempo, o sentimento de solidão se agrava e a depressão aumenta com todo o cortejo de conflitos e situações problemáticas. Habitualmente, essa situação se resolve com longos telefonemas e cartas (até mesmo diárias) que conseguem satisfazer, no adolescente, sua necessidade dos encontros pessoais.

O jovem conversa excessivamente, compulsivamente, indiferente a tempo, local ou circunstâncias. Conversa no cinema, teatro, concertos, telefone, sala de aula e assim por diante. São longas conversas sobre quaisquer assuntos, bastante francas e diretas. A conversação torna-se um exercício muito apreciado e de extraordinário valor e significação para o adolescente, um exercício ao qual todos eles aderem, incondicionalmente. Sua amplitude abrange desde aulas, matérias, professores, vocação, sexo, natalidade, ecologia, dinheiro, roupa, amigos até viagens espaciais, política, religião e família. Os debates são freqüentes, vivos e muito vantajosos para o desenvolvimento e conquista da maturidade social do adolescente.

CAPÍTULO 11

# DELINQÜÊNCIA, AGRESSÃO E VIOLÊNCIA



## 1. *Conceito*

Segundo REIS, podemos definir a delinqüência como "o resultado do insucesso dos controles pessoais e sociais". A delinqüência está, na verdade, ligada a uma atitude permissiva inconsciente dos pais que reagem, indiferentes ou nebulosamente vagos, ante os erros infantis. Dão à criança a impressão de uma sugestão indireta e inconsciente de "aprovação" das faltas cometidas. A falta de advertência, de manifestação de desagrado dos pais (em muitos casos, encontramos até o esboço de uma tácita "concordância" com o delito) dá uma espécie de neutralidade à prática de novos delitos.

Assim, por exemplo, o pai médico, diante das queixas formuladas contra o filho, de que molestava as meninas do clube que freqüentava, limitou-se a dizer: "Meu filho é macho, elas que se cuidem." Quando a tia se queixou de que o sobrinho havia furtado uma certa quantia de sua bolsa, a mãe apenas respondeu: "Filho, quando você precisa de dinheiro, por que não tira da minha bolsa?", indicando, nitidamente, que o problema não era o "tirar" e sim a bolsa de onde se tirava.

MICHAELS observou que o comportamento delinqüente se manifesta em matriz biopsicossocial muito complexa. Quanto mais cedo, mais precoces e persistentes as manifestações delinqüentes, mais devemos pensar em *causas constitucionais.* Quanto mais tarde e mais temporária a delinqüência, mais se deve pensar em *fatores neuróticos.*

Como "delinqüência" consideramos as perversões, desvios de comportamento – roubo, mentira (mitomania), assaltos sexuais, fraudes, uso de drogas (alcoolismo, tóxicos) e as manifestações da personalidade psicopática. (V. Capítulo 8, Adolescência Problemática e Patológica).

BURT destacou inicialmente a diferença dos impulsos instintivos no rapaz e na moça.

Para esse autor, os rapazes são muito mais propensos à delinqüência, devido a seus impulsos agressivos de direção exterior – ira, curiosidade, posse, auto-afirmação, etc. Na moça, os impulsos de agressividade, dirigidos internamente, são de natureza inibitiva – medo, sofrimento moral, tristeza, desgosto, auto-submissão, etc. Os atos delinqüentes das adolescentes são, mais freqüentemente, mentir, tentar o suicídio, tomar drogas, etc.

Inúmeros são os esforços feitos para encontrar-se a causa ou causas da delinqüência juvenil. Cada corrente de opinião tem ardentes defensores e detratores.

Entretanto, a causa das causas reside fundamentalmente na qualidade do ambiente familiar em que se desenvolve o adolescente.

Se esse ambiente for sadio e democrático, proporcionando ao adolescente as oportunidades de que necessita para melhor desenvolvimento psicoemocional, dificilmente esse adolescente cometerá atos delinqüentes.

Os lares desfeitos, os vícios dos pais, a indiferença quanto aos filhos, a ausência contínua dos pais, a ignorância influem poderosamente no desajustamento ético, moral e mental do adolescente.

Segundo LIPPMAN, a maioria dos delinqüentes vive em lares em que as circunstâncias patológicas somente podem ser reconhecidas após demorado estudo dos pais.

Segundo THOMAS, a delinqüência juvenil estaria relacionada aos sentimentos de monotonia, insegurança e rejeição que encontra no ambiente familiar.

A privação de afeto familiar é ponto básico, em muitos casos, na delinqüência e são também os casos que mais trabalho dão às escolas.

LURIE e o casal GLUECK demonstraram também a importância do lar na delinqüência juvenil.

Em outros casos, a delinqüência se apóia na imaturidade do adolescente. Tivemos ocasião de acentuar os traços de maturidade em páginas anteriores; são eles que fornecem ao jovem a segurança e confiança em si mesmo, que evitam os atos anti-sociais.

Devemos levar na devida consideração a conduta anti-social e as lesões cerebrais mínimas.

KUCERA, de Praga, considera que certas alterações cerebrais mínimas podem influir muito na conduta anti-social. Em sua opinião, a interação entre um fundo neurológico ligeiramente anormal e os fatores patógenos do ambiente podem causar: 1 - perturbações leves de conduta; 2 - alterações de conduta persistentes e acentuadas com problemas de caráter do tipo psicopático; 3 - neurotização secundária, resultante da pressão ambiente, com tiques, tartamudeio e sinais correlatos; e 4 - manifestações psicóticas com sintomas de regressão, linguagem confusa e neologismos.

O conceito de "lesão cerebral mínima" assume assim papel de grave significado pelas suas implicações no futuro psicossocial do indivíduo.

O conceito de delinqüência comporta a noção de conduta anti-social.

Diz FRIEDRICHSEN que poderíamos considerar um ato delinqüente "todo ato ou conduta que conduz uma criança ao Juiz de Menores".

Há naturalmente outros pontos de vista que se opõem a este, inclusive no próprio mérito e interpretação do que seja o ato delinqüente.

LOWREY cita 4 tipos de comportamento social do indivíduo que merecem ser referidos aqui:

1. O comportamento é satisfatório para o indivíduo e socialmente adequado. Neste caso, consideramos a conduta NORMAL, não havendo problemas nem para o indivíduo nem para a sociedade em que vive.

2. O comportamento é insatisfatório para o indivíduo, porém socialmente adequado: temos então o *desajustamento leve* que por seu agravamento poderá conduzir o indivíduo à neurose.

3. O comportamento é satisfatório para o indivíduo, porém inadequado do ponto de vista social: temos então *comportamento-problema*, a *atitude anti-social*, o *crime* ou *delinqüência.*

4. Finalmente, o comportamento individual é insatisfatório para o paciente e socialmente inadequado: neste caso teremos a *delinqüência neurótica ou psicótica.*

De qualquer forma, devemos sempre lembrar que o delinqüente é na realidade e em todas as ocasiões indivíduo desajustado, *internamente,* quanto à satisfação das necessidades psicológicas básicas, e *externamente* quanto à adaptação normal à sociedade em que vive.

## 2. *Causas*

As principais causas, que se consideram na delinqüência, são:

1. individuais,
2. familiares,
3. escolares,
4. comunitárias.

1. *Causas individuais:* Inicialmente devemos insistir que o delinqüente infanto-juvenil é sempre UMA CRIANÇA MENTALMENTE DOENTE. Sua moléstia poderá ser procurada entre as lesões psicológicas de PRIVAÇÃO, como seja: 1) falta de segurança; 2) falta de satisfação às necessidades psicológicas fundamentais à formação da personalidade normal, a saber: o amor dos pais; a proteção; a capacidade de vencer o medo; a possibilidade de realização; a recreação; a confiança em si próprio; a capacidade de manter relações humanas satisfatórias; a habilidade de vencer situações e solucionar problemas sem grande descontrole emocional; a capacidade de vencer; o desenvolvimento satisfatório da maturidade e noção de responsabilidade; 3) a falta de reconhecimento do valor próprio pelo grupo social, o que parece ser bastante importante para o adolescente que com ansiedade procura ser reconhecido, apreciado e estimado.

Igualmente, o delinqüente sozinho é uma criatura abandonada, medrosa e insegura. Só se torna corajoso, valente e ousado quando em grupo.

Em companhia dos outros, tem a necessária atmosfera, o público que aprecie suas qualidades de mando, de chefe; suas idéias são aplaudidas e aceitas pelo grupo de que faz parte.

No condicionamento das causas individuais, intervêm:

a) o *ambiente familiar*, e neste, particularmente, a figura materna.

Desde cedo, a criança se liga à figura materna, dela dependendo para a satisfação de grande número de necessidades psíquicas básicas. Nos lares em que por vários motivos a presença da mãe não se faz sentir, a criança se vê privada dessas satisfações. Isso ocorre quando a mãe trabalha, está doente ou falta no lar, por morte ou rompimento do vínculo matrimonial. Desaparece a família, a unidade social, a célula básica do edifício social, e as conseqüências se fazem sentir sobre as crianças, privadas agora de segurança e de amor.

b) *a noção de autoridade:* a criança necessita de sentir a autoridade dos pais, especialmente do pai. Quando esta autoridade é fraca ou inexistente, não há formação de consciência, de noção de responsabilidade, do superego enfim. A criança não terá portanto elementos que a orientem nas decisões que porventura tiver que tomar. Não se desenvolve a noção de ética, da diferença entre a prática do bem e do mal.

c) *amor e segurança da parte dos pais:* A criança necessita sentir-se amada, aceita e prestigiada pelos pais.

As crianças rejeitadas, hostilizadas, sofrem o que LEVY chama de "fome de afeto", uma verdadeira privação psicológica, responsável por graves lesões traumáticas no desenvolvimento da personalidade infantil.

d) *frustração e tensão psíquica na infância:* Surgem nos ambientes familiares em que há discussões, atritos constantes, incompatibilidade entre os pais, rompimento do vínculo matrimonial, vícios (como o etilismo, a toxicomania, etc.), moléstias, etc.

São também conseqüência da ignorância ou incapacidade dos pais em satisfazerem as necessidades psicológicas básicas da criança.

2. *Causas familiares:* são aquelas que se desenvolvem no ambiente doméstico, sendo representadas especialmente pela *atitude dos pais,* objeto de análise em outra parte deste trabalho. "*Delinqüente*", frisa FRIEDRICHSEN, "não é a criança ou o jovem, e sim o adulto que não conseguiu dar ao filho a necessária segurança, disciplina e sentimento de amor".

3. *Causas escolares:* são representadas pela influência da escola e dos professores sobre o jovem. A escola age como causa socializadora de enorme alcance, tanto pelo sentido informativo cultural que adquire junto ao jovem, como pela troca de impressões entre o jovem e seus companheiros de classe. A figura do professor, pelo significado da identificação já estudado, também exerce grave influência no comportamento do adolescente. A esse respeito, BERNARD cita estatísticas demonstrando a maior porcentagem de delinqüentes entre aqueles estudantes que ficaram submetidos à influência de professores neurotizados ou com distúrbios mentais.

4. *Causas comunitárias:* são aquelas pelas quais se responsabiliza a comunidade. São representadas pela rua, pelos bandos, pelos cortiços e malocas, pela prostituição, bares, *boites,* "inferninhos". São a imprensa, o rádio, a televisão, cinema e teatro, a serviço de fins anti-sociais e perigosos para a formação da personalidade do jovem.

## 3. *Técnica da delinqüência*

O ego delinqüente se vale de recursos técnicos para a prática dos delitos: 1. a evasão ao sentimento de culpa (estratégia da fuga); 2. fuga à responsabilidade (personalidade amoral psicótica); 3. procura de apoio para a delinqüência (companheiros, situação de companhia de Matza, necessidade de grupos, bandos e turmas); 4. antagonismo e luta contra os elementos que tentam a modificação (psiquiatra, polícia, assistente social, terapia).

## 4. *Prevenção*

A prevenção *da delinqüência* é problema dos mais graves que se impõem à responsabilidade da comunidade. Não há possibilidade de evitar-se o problema ou fugir a ele, devido à oportunidade e insistência com que surge diariamente a todos que estão em contato com a juventude e suas dificuldades.

Trata-se de questão polifásica com vários aspectos a serem considerados:

a) o aspecto individual,
b) familiar,
c) social.

A) *Aspecto INDIVIDUAL na prevenção da delinqüência*

Consideramos aqui especialmente os fatores dependentes do indivíduo, quer da herança biológica, quer do desenvolvimento psicológico, e particularmente a influência do ambiente sobre o indivíduo.

Devemos ressaltar como fatores principais:

a) *lares desfeitos*

Parecem ser elementos de maior importância, aqueles que mais profundamente atingem a formação psíquica do indivíduo, especialmente nos primeiros anos de vida, conforme citamos em outro ponto deste trabalho.

b) *fatores econômicos*

Embora freqüentemente citados, perderam atualmente os fatores de pobreza a determinante de delinqüência. Acredita-se muito mais no desamparo moral, na falta de apoio afetivo do lar, na falta de formação do caráter do adolescente do que nos fatores econômicos que talvez sejam mais causas coadjuvantes do que essenciais.

c) *cortiços e "favelas"*

A promiscuidade e convivência com pessoas de cultura inferior, a "educação" que o adolescente pode receber deste meio e a identificação com elementos considerados "heróicos" na vizinhança são causas inegáveis na estruturação da personalidade do adolescente, podendo inclusive predispô-lo à prática de atos delinqüentes.

d) *influências familiares ou de vizinhança desfavoráveis*

Não há necessidade de insistirmos sobre este aspecto de influência. A presença de neuropatas, etilistas, débeis mentais e delinqüentes habituais age deleteriamente sobre o adolescente, acarretando nele reações perigosas à estabilidade de adaptação social.

e) *"deficit" físico ou mental*

Como se sabe, um defeito físico pode determinar inconformação no espírito do jovem e fazê-lo procurar compensação em atos anti-sociais, ressentido com a sociedade e desejoso de vingar-se dela. Muitas vezes o defeito físico (seja ortopédico, na fala, na visão, deformidade do rosto) inculca no jovem um sentimento de inferioridade agravado pela atitude infeliz que assumem as outras crianças e por vezes os próprios pais do jovem.

Nesses casos, o amparo moral e afetivo dos pais, a correção médica do defeito, a colaboração do ambiente evitam ao jovem a formação de "cicatrizes morais" e conseqüentemente as lesões psíquicas delas oriundas.

No *deficit mental,* o jovem freqüentemente não pode ser responsabilizado pela prática de atos delinqüentes, uma vez que não relaciona normalmente causas com efeitos, por dificuldades na compreensão e raciocínio.

Os jovens portadores de *deficit* mental devem ser recolhidos a instituições ou postos em custódia, de maneira a evitar-se que venham a ser explorados por outros que procuram aproveitar-se de sua incapacidade intelectual.

f) *instabilidade emocional*

De origem orgânica ou mental a instabilidade emocional desempenha papel de relevância na infração penal. Com o tratamento precoce destes casos, podemos em muitos deles evitar a prática de atos delinqüentes. O instável é sobremaneira sensível à sugestão e necessita de vigilância para que não acompanhe na prática de atos anti-sociais.

g) *más companhias*

Já dissemos que o delinqüente juvenil encontra apoio, estímulo e prestígio na *turminha, bando,* ou *grupo* que o cerca. Aos olhos deles passa por "herói", por valente, por decidido e cheio de iniciativa. Encontra neles satisfação para sua necessidade neurótica de domínio, de reconhecimento pelo grupo social, de prestígio e autoridade.

A sós, o delinqüente juvenil é pequeno e indeciso, covarde e retraído. Só cresce e se torna grande quando estão a acobertá-lo os membros da malta, os adeptos, os simpatizantes do grupelho. Então sente-se cheio de "idéias", atrevido, arrogante e organizado. E passa à ação, distribui tarefas, delineia planos, ordena, pune e governa. Argumenta, discute, agride e vence ou é derrotado.

É certo que as más companhias, produto das ruas, deterioram o adolescente, predispondo-o à prática da delinqüência.

Para evitá-las, devemos retirar o adolescente das ruas, deixando-o em clubes, centros sociais ou centros juvenis onde possa utilizar seu tempo em recreação e aprendizado.

h) *falta de educação ou recreação*

Um do aspectos da prevenção da delinqüência juvenil é o de fornecer ao adolescente interesses educacionais, estéticos e recreativos. A delinqüência surge com a vadiagem, a desocupação e o ócio.

O adolescente bem formado familiarmente, com interesses presentes e absorventes, não se dedica em geral à freqüência da rua, à influência dos grupinhos e à prática dos atos anti-sociais.

i) *estímulo excessivo através do rádio, TV, jornais, filmes, teatro e revistas em quadrinhos*

Tomados isoladamente, cada um desses fatores talvez não seja responsável pela delinqüência juvenil, porém, em conjunto, forçosamente haverá de influenciar uma juventude já eivada de falhas na educação, no preparo para a vida.

Não há infelizmente critério razoável de conhecimento de Psicologia e Pedagogia por parte daqueles que se dedicam à exploração dos ramos de recreação acima citados.

Visam exclusivamente determinado público, e não cogitam dos males que poderão estar causando aos adolescentes, ou às crianças. O controle é deixado nas mãos dos pais, que com freqüência, por comodismo ou ignorância, estão inteiramente alheios ao que se está passando.

Dessa maneira, o adolescente é vítima da influência daninha de jornais, estações de rádio, filmes e revistas em quadrinhos ou pornográficas.

B) *Aspecto FAMILIAR na prevenção da delinqüência*

Refere-se quase que exclusivamente ao preparo educacional dos pais, desta maneira influindo sobre a formação da personalidade infantil, ainda antes de nascida a criança.

Campanhas intensivas de educação dos pais, através de Escolas de Pais, Cursos de Psicologia do Adolescente, Cursos de Noivos, ampla distribuição de folhetos, monografias e realização de palestras, conferências e debates públicos são alguns dos aspectos que poderiam ser utilizados na profilaxia da delinqüência, observada pelo prisma familiar.

A essa profilaxia não poderia faltar o apoio do rádio, televisão, imprensa, cinema e teatro, que com seus recursos audiovisuais poderiam concorrer, se orientados sadiamente, para melhor realização dos objetivos visados.

C) *Aspecto SOCIAL na prevenção da delinqüência*

Em seu aspecto social, a prevenção da delinqüência se desdobra em medidas que objetivam preparar o indivíduo para colaboração eficaz nos trabalhos da comunidade.

São os seguintes os pontos principais de um programa social de combate à delinqüência:

1. Estudo das necessidades psicológicas do indivíduo e suas frustrações. Conhecendo melhor a personalidade humana, estamos em condições de prevenir os sentimentos de frustrações e revolta que poderão traduzir-se em atitude anti-social.

2. Existência de possibilidade financeira para o treinamento de técnicos que possam trabalhar com as famílias e os delinqüentes.

3. Organização de instituições pequenas e auto-suficientes, bastante dispersas por todo o Estado, com a finalidade de estudo e tratamento da criança-problema.

4. Cursos de Higiene Mental para Professores, a fim de prepará-los convenientemente para educarem as crianças e os adolescentes e, ao mesmo tempo, erradicarem os próprios erros de conduta.

5. Cursos de Higiene Mental para Pais (Escolas de Pais) para permitir aos pais amplo conhecimento de si mesmos e dos filhos.

6. Orientação clínica da Escola, através das Clínicas de Orientação Infantil nos Grupos Escolares.

7. Orientação moral e espiritual religiosa.

8. Utilização pedagógica do cinema, rádio, televisão, teatro e imprensa.

## *5. Tratamento*

Embora fugindo completamente ao objetivo do nosso trabalho, não podemos deixar de mencionar, pelo menos, os tratamentos atualmente empregados para a delinqüência.

1. A *punição*, cada vez mais desacreditada e abandonada.

2. A *custódia*, isto é, a entrega do delinqüente a um ambiente sadio que possa modificar as perspectivas mentais e revalorizar as atitudes éticas.

3. A *reeducação*, cuja importância é demasiadamente concreta para que seja preciso explicá-la com minúcia.

O que é básico, entretanto, é que somente a reeducação do delinqüente pode dar-lhe a esperança de reintegrar-se no meio da sociedade à qual não conseguiu adaptar-se normalmente com os próprios recursos.

ABRAMSON acentua, por sua vez, o característico de *instabilidade* de personalidade no delinqüente, estudando-o do ponto de vista motor, afetivo, intelectual e social.

O *tratamento* do delinqüente juvenil não poderá mais ser o castigo; deve ele ser reeducado e reajustado ("reestruturado", segundo MORENO e PLANT), a fim de participar, novamente e em bases diferentes, do trabalho social.

A comunidade age sobre o adolescente pelo que vê, ouve, lê, compreende, imita, testemunha, e pela identificação do adolescente com os tipos que admira e que nem sempre representam os melhores tipos da comunidade.

Conforme acentua FLEMING, não devemos também atribuir à adolescência os problemas de personalidade, entre eles a delinqüência, quando são dificuldades que afligem o indivíduo e não essa fase especial de sua existência.

Em apoio dessa afirmação, vem o fato de haver adolescentes oriundos de bons lares, gozando boa saúde e vivendo em ambiente familiar satisfatório e que apesar dessas condições- demonstram estrutura mental que se caracteriza por ressentimento de autoridade, irresponsabilidade, crueldade e combatividade. Esses adolescentes têm temperamento insatisfeito desde a infância. Os tribunais consideram-nos incorrigíveis. São indivíduos eternamente insatisfeitos, instáveis, constantemente ressentidos e infelizes, que estão sempre procurando vingar-se na sociedade, de algum prejuízo que lhes foi causado (ABRAMSON).

Seu desajuste é visível aos olhos de todos.

São casos que necessitam de tratamento psiquiátrico, pois os pais, em geral, não sabem que atitude devem assumir.

## 6. *Reeducação do adolescente*

A reeducação do adolescente delinqüente adquire a conotação de um tratamento quando: 1. surgem modificações positivas nos modelos tomados como identificação e nas atitudes a que se encontram expostos; 2. existe uma forma de elogiar indireta e um meio de premiar direto referente a novas formas de comportamento, diferentes das habituais delinqüências; e 3. permitindo ao adolescente descobrir que as necessidades humanas básicas também podem ser satisfeitas de outra maneira, além do comportamento anti-social.

Muitas atitudes delinqüentes dos jovens parecem ter origem em suas tentativas de desempenhar uma função que lhes parece ter sido aceita pelos adultos significativos sem condenação. Certas atitudes como não pagar o ônibus, mentir ao médico ou professor, dizer ofensas pesadas aos parentes parecem ser recebidas pelos pais ou orientadores com uma indiferença suspeita de aceitação pelos adultos.

Com sua atitude de aprovação muda, de admiração tácita, dos mandos e desmandos delinqüentes dos adolescentes, os pais e demais adultos significativos "induzem inconscientemente" os jovens a atitudes anti-sociais, quase que "admiradas e invejadas secretamente" pelos pais.

O problema dos educadores de adolescentes não é, atualmente, o de orientar os jovens para uma vida de bondade espontânea, iniciativa, honestidade e sinceridade emocional. Consiste, fundamentalmente, em oferecer aos jovens oportunidades para que tais qualidades possam aparecer e florescer. Num ambiente de sadismo, frustração, agressão, desestímulo e rejeição, o adolescente será sádico, frustrado, agressivo, apático e rejeitador, cruel, anti-social e inibido. Contudo, a remoção dessas influências poderá revelar a personalidade generosa, ativa, compassiva e dedicada que ele, realmente, possui.

A delinqüência aumentou, sensivelmente, em todos os países, devido a uma série de fatores, tais como: 1. mudanças tecnológicas (o progresso incontido da ciência); 2. a maior mobilidade (meios de transporte mais rápidos); 3. maior comunicação (TV e satélites); e 4. modificações da vida urbana, todos esses fatores sendo responsáveis pelo aumento catastrófico da *instabilidade social*, também chamada de *anomia*. Significa a falta de normas, padrões, leis morais, ética, e a subversão de valores existentes, considerados superados e até o momento ainda não substituídos por outros valores novos, de nível e dignidade compatíveis com a formação de ideais, necessários aos adolescentes e à continuidade de uma sociedade organizada.

## *7. Agressão e violência*

Entende-se por "agressão" uma ação violenta dirigida a um determinado objetivo. Pode ser agressão física ou verbal e representa a manifestação motora do estado afetivo de raiva, ódio, oposição e hostilidade. A agressão pode ser realista e sadia, quando dirigida ao mundo exterior, com a significação de uma auto-afirmação, um contato, um desabafo emocional necessário e justificado. Ou pode ser negativa, patológica e destrutiva, quando dirígida ao psiquismo do indivíduo, sob a forma de impulsos ou atos de destruição ou autodestruição.

É construtiva quando utilizada na solução de conflitos e problemas, e em mecanismos de defesa do ego adequados e positivos. Torna-se patológica quando é ilógica, irreal, autodestrutiva, sem finalidade adequada, sendo o resultado de conflitos emocionais não resolvidos.

A agressão patológica é comumente associada à violência (habitual em nossos dias), sendo utilizada em atos delinqüentes de assalto e destruição, motivada por impulsos sexuais incontroláveis. Atos de violência, como a cleptomania (mania de roubar), a piromania (mania de incendiar) e o hábito do jogo podem ser manifestações agressivas mascaradas.

Uma das causas aceitas para o suicídio nos deprimidos é a agressão voltada contra o próprio indivíduo. Neste caso, o suicídio é, na realidade, um homicídio internalizado.

A agressão está, além disso, associada a atividades e pensamentos eróticos, no sadismo e masoquismo. O sadismo é a gratificação obtida a partir da dor física ou psíquica causada a terceiros. O masoquismo é o prazer sentido pela dor física ou psíquica experimentada pelo próprio indivíduo (associado esse prazer com sentimentos de culpa inconscientes que devem ser punidos). Até certo ponto, as sensações sadomasoquistas fazem parte do comportamento normal de todos, tornando-se patológicas em determinados desvios sexuais.

A agressão é projetada para fora do indivíduo, como uma forma de investir contra o objeto, situação ou pessoa, idéia ou alvo, considerados antagônicos, provocadores ou fora do poder legítimo. A agressão pelos indivíduos que detêm o poder é aceita como defensiva e adequada, sendo ofensiva, má e ilegítima quando perpetrada por aqueles que estão fora do poder. Outra forma de agressão bastante freqüente é a técnica de ignorar uma pessoa, não tomando conhecimento de sua presença. Constitui uma agressão psicoemocional poderosa e de efeitos penetrantes.

A agressão *construtiva* implica a supressão de barreiras e muros, com a finalidade de iniciar um relacionamento positivo; representa a iniciativa e o avanço mas sem prejuízo do outro, apenas com a intenção de conhecê-lo melhor.

O aspecto negativo da agressão implica, pelo contrário, o estabelecimento de um contato com o outro, porém com a intenção de feri-lo ou fazê-lo sofrer, com a finalidade de provar o próprio poder ou arrebatar esse poder do outro, ou ainda a fim de se proteger contra o poder do outro. Na realidade, combinamos as formas positivas e negativas de agressão, embora a nossa sociedade procure sempre realçar (e condenar) as formas negativas de agressão, ignorando seus aspectos positivos (para se proteger? com medo, ansiedade e sentimentos de culpa?).

Quanto à *violência,* é importante que nos lembremos de como nos sentimos, habitualmente, atraídos e fascinados por ela. Fascinados e horrorizados, como aquelas pessoas que se aglomeram em volta de um acidentado. A violência representa o extravasamento de uma paixão reprimida, refreada; uma explosão de impulsos destrutivos orientados para o que o indivíduo considera como um obstáculo e impedimento à sua auto-afirmação, crescimento e desenvolvimento. Tanto pode ser física como psíquica.

A violência significa um grau mais avançado de agressão, como o pânico relativamente à ansiedade. A agressividade se vai, tornando cada vez mais intensa, sempre reprimida e represada até o momento em que não conseguimos mais mantê-la sob controle da repressão, e ela extravasa sob a forma de violência. Ao passo que a agressão possui uma direção e um objetivo, a violência é generalizada e indiscriminada, caótica e desorganizada, atingindo tudo e todos que estiverem nos limites de sua onda de expansão.

O momento de violência torna-nos incapazes de pensar, raciocinar e de conter nossa emoção. É uma descarga motora que a estrutura psíquica é incapaz de dominar. CANNON considerava três tipos de resposta emocional do organismo a uma ameaça à sua integridade: a luta, a fuga e a resposta adiada ou transferida. A fuga assume a forma de uma reação de ansiedade e medo. A luta é representada pela agressão e violência. E a terceira resposta é, geralmente, a das pessoas de nível sociocultural e *status* mais elevados. É uma das características da nossa civilização sofisticada. Pode ser um bem e também um mal: adiando ou transferindo uma resposta emocional, estamos superando nossos instintos de agressividade e violência. Podemos, porém, sofrer também um processo de neurotização.

Seremos neuróticos na medida em que procurarmos resolver, em situações e relacionamentos novos e diferentes, nossos antigos traumas e conflitos que não pudemos ou soubemos resolver na infância e adolescência. Cada pessoa vê e interpreta o mundo à sua volta, especificamente, à sua maneira, e este fato condiciona o aspecto particular de "sua violência" e do caráter de sua resposta emocional ao fato de se sentir ameaçado. Mas, sobretudo, a violência provém da impotência, no sentido de "falta de poder", tanto para indivíduos como grupos.

CAPÍTULO 12

# ORIENTAÇÃO DOS PAIS DO ADOLESCENTE

Na análise do que significa "orientar", devemos deixar bem claro que são os pais do adolescente os que devem ser "preparados" para a orientação dos seus filhos adolescentes, mais do que intervirem para direcionar a vida dos jovens. O jovem segue sua trajetória, carente de afeto, apoio e segurança; os pais já lhe transmitiram, geneticamente, uma série de características biológicas constitucionais; já lhe incutiram inúmeros princípios de moral, ética, filosofia da vida, costumes, hábitos, preconceitos, crendices e superstições; já lhe comunicaram sistemas, funções, atitudes e comportamentos; já modelaram seus valores, exemplos, conduta social e as noções sobre sexo.

No momento em que os adolescentes iniciam sua caminhada para atingir a maturidade, são os pais que devem ser "orientados" a fim de poderem ajudar, estimular e favorecer os filhos e filhas adolescentes na difícil e tormentosa travessia da adolescência ao estado adulto.

Inicialmente devem convencer-se a *aceitar* os filhos adolescentes e não se *assustar* com as atitudes "novas" que descobrem nas crianças com que conviveram dez ou mais anos, no ambiente familiar. Essas atitudes são: 1. a luta pela descoberta do "eu"; 2. a afirmação da identidade, através da separação "dos outros"; 3. a instabilidade afetivo-emocional, uma constante no adolescente; 4. a necessidade de "ser recebido" pelos outros e "pertencer", fazer parte do "grupo", onde possa receber atenção, respeito e prestígio, e ser reconhecido como gente. Os pais sentem muitos ciúmes dessa necessidade dos seus filhos adolescentes em pertencer a uma turma e costumam hostilizar essa preferência por se considerarem marginalizados no afeto dos filhos. Esse é um dos pontos em que os pais devem ser esclarecidos e orientados, porque, na verdade, não é pelo fato de se orientar socialmente para um grupo que o jovem deixa de amar os pais e de necessitar deles o tempo todo; 5. o adolescente recusa a companhia dos menores, em cuja presença se sente envergonhado e desprestigiado, mas igualmente encabulado e desajeitado na presença de adultos com os quais ainda não se entrosa nem fica à vontade. Os pais podem facilitar essa situação, acomodando os adolescentes, deixando-os à vontade e habituando-os a um espírito democrático que aceita os mais jovens e mais velhos com a mesma boa vontade e interesse; 6. o jovem se sente insatisfeito por se julgar incompreendido. Neste ponto, uma pequena conversa informal com o filho ou filha adolescente pode ajudar a mostrar-lhe que é muito bem compreendido, respeitado e aceito pelos mais velhos; 7. o mundo da fantasia pode absorver o adolescente que necessita então da compreensão, indulgência e tolerância dos seus pais e adultos; 8. o jovem pode aparentar muita coragem e decisão, externamente, e estar totalmente inseguro, indeciso e prestes a desabar, intimamente, em gritos e pranto descontrolado. Essa contradição viva entre a atitude do adolescente e seu estado psíquico é responsável pelas surpresas inesperadas como rir às gargalhadas ou chorar sem razão aparente, o que desconcerta seus pais.

Como o objetivo aparente e real dos pais é o de auxiliarem seus filhos e filhas adolescentes numa fase delicada do seu desenvolvimento físico, emocional e social, tentando completar o trabalho iniciado na infância e meninice, é importante que "se preparem" para essa função. O fato de terem educado a criança não os habilita a enfrentarem os problemas e dificuldades de lidar com filhas e filhos adolescentes. Muitos gritos, ofensas, mal-entendidos e pranto seriam evitados, pudessem os pais receber a orientação adequada de que tanto necessitam, tanto ou mesmo mais que os próprios adolescentes.

São os pais que ficam surpresos, desorientados e confusos, diante das reações e comportamento de uma filha ou filho adolescentes. E têm muito a aprender com os próprios jovens.

Existem pontos básicos nessa *educação dos pais de adolescentes*: 1. tratar com igualdade as filhas e filhos, sem estabelecer diferenças "machistas" de sexo. Os jovens de ambos os sexos têm os mesmos direitos, deveres e obrigações, sem favoritismo de qualquer espécie; 2. estar informados a respeito dos "amigos e companhias" das filhas e filhos, sem contudo questionar diretamente ou criticar com ironia. Os jovens, caracteristicamente, quando não interrogados, gostam de falar de seus amigos e companhias, contar suas atividades (de ensino ou lazer) e fazer comentários sobre o que lhes aconteceu e observaram nos outros. E gostam de fazê-lo, espontaneamente; 3. mostrarem-se inteiramente interessados pelos estudos dos jovens, fazendo-os apreciar seus progressos e dificuldades. É preciso abster-se de qualquer tipo de crítica ou reprovação sob risco de perder a confiança do adolescente. Deve-se utilizar (sempre discretamente) o elogio como estímulo e a apreciação dos problemas como forma de encorajamento. 4. propiciar às filhas e filhos adolescentes um ambiente familiar estável, calmo, cordial e gratificante. Não quer dizer que não haja de quando em vez conflitos e agressões interfamiliares e interpessoais, porém a média dos dias deverá ser agradável à convivência. É preciso, para isso, respeitarem-se os cônjuges entre si, respeitando também os direitos dos jovens como seres humanos; 5. os interesses estéticos dos jovens (música, teatro, cinema, artes, dança, leituras) deverão ser estimulados através do exemplo dos pais, sem que se chegue à coação de forçar o adolescente numa direção que não lhe apetece. Os jovens, com seu espírito aberto, apreciam tanto a música "pop", "rock", "disco", como a música erudita ou popular. Cada um tem opção livre para se dedicar ao que gosta. O mesmo se dirá com outras formas de estética; 6. diante da escolha de um companheiro ou companheira dos seus filhos adolescentes, os pais encontram uma excelente oportunidade de se manterem silenciosos, discretos e imparciais. Ainda que não aprovando as qualidades do parceiro escolhido pela filha ou filho, farão melhor em não opinar, não se mostrando entusiasmados nem hostis à namorada ou namorado dos filhos. Essa atitude neutra é cuidadosamente observada pelos adolescentes, sendo devidamente apreciada. Qualquer manifestação de paixão pelos pais, seja favorecendo, seja agredindo, é recebida como "uma invasão do espaço particular" do jovem, uma interferência indesejável em seus assuntos particulares, nos quais os pais não deveriam se intrometer. Devem, por isso, os pais prestar muita atenção em não dar conselhos ou prevenir a filha ou filho quanto ao companheiro selecionado. Na maioria dos casos, essa atitude dos pais acaba por se revelar, futuramente, a mais certa, e os pais considerados "legais" pelos adolescentes.

A filha ou filho quase sempre percebem o erro em que incidiram (quando escolhem erradamente) e procuram corrigir sua situação. Em alguns poucos casos, podem persistir no companheiro errado, devendo os pais respeitar a escolha do adolescente, só interferindo em casos extremos, em que essa escolha possa representar perigo para o adolescente, tornando a intervenção incisivamente necessária. Os adolescentes bem preparados, no entanto, escolhem habitualmente companheiros adequados que não trazem problemas maiores à convivência harmônica do grupo familiar. Toda crítica ao namorado ou namorada dos filhos, quase que infalivelmente, desperta o espírito de oposição no adolescente. E ele passa a funcionar antagonicamente, para irritar e provocar os adultos. Uma atitude serena, neutra e refletida dos pais permite à filha ou filho adolescentes a oportunidade de experimentarem e decidirem por si mesmos, a respeito do companheiro que escolheram.

7. Finalmente, parece-nos importante deixar ao próprio jovem a opção de uma carreira profissional, sem as habituais pressões ou desejos familiares. Em caso de dúvida, existem as baterias de testes vocacionais, aplicadas pelos psicólogos e que determinarão as preferências conscientes e inconscientes dos adolescentes e que devem ser respeitadas. Em virtude da imaturidade dos jovens, não será incomum que, tendo optado por determinada profissão, o adolescente, após algum tempo, possa pensar em abandonar o que está fazendo ou estudando, para experimentar outra atividade. Não vemos o motivo das discussões, receios e coações dos pais, quando o que desejam, realmente, é que a filha ou filho *se encontrem* e *realizem* nas suas atividades. Só quando trabalhamos no que nos é realmente gratificante é que realizamos ao máximo nossa personalidade. E isto vale também para o adolescente indeciso que ainda se interroga e busca conhecer suas reais aptidões.

# ÍNDICE ALFABÉTICO

B



C

F

## O



## P

## Q



## R



## S

## X

## Biblioteca PSICOLOGIA E PSIQUIATRIA

Volumes Publicados:

| | | |
|---|---|---|
| 1. | *O Segredo da Paz Familiar* | H.F. Tashman |
| 2. | *Usos e Abusos da Psicologia* | H.J. Eysenck |
| 3. | *Relações Humanas* | Thomason/Clement |
| 4. | *Ajuda-te Pela Psiquiatria* | Frank S. Caprio |
| 5. | *Nos Subterrâneos da Mente* | Fritz Redlich |
| 6. | *Descobre-te a Ti Mesmo* | Stephen Lackner |
| 7. | *Seja Invulnerável!* | Laura A. Huxley |
| 8. | *Renovar Para Vencer* | John W. Gardner |
| 9. | *A Conquista da Mente* | William Sargant |
| 10. | *As Drogas e a Mente* | Robert S. De Ropp |
| 11. | *Fato e Ficção na Psicologia* | H.J. Eysenck |
| 12. | *A Marca da Violência* | F. Wertham |
| 13. | *Condicionamento Pessoal* | Hornell Hart |
| 14. | *Sonhos e Pesadelos* | J.A. Hadfield |
| 15. | *As Três Faces de Eva* | C.H. Thigpen |
| 16. | *Lavagem Cerebral* | J.A. Merloo |
| 17. | *A Face Final de Eva* | J. Poling |
| 18. | *O Século de Freud* | Benjamin Nelson |
| 19. | *Ajude Seu Marido a Vencer* | Kenneth Hutchin |
| 20. | *A Criança Problema* | Joseph Roucek |
| 21. | *A Criança Excepcional* | Joseph Roucek |
| 22. | *Psicoterapia de Grupo* | Vários autores |
| 23. | *História da Psiquiatria* | Alexander e Selesnick |
| 24. | *A Necessidade de Amor* | Theodor Reik |
| 25. | *Qual o Problema de Seu Filho?* | Francis L.Ilg/L.B. Ames |
| 26. | *A Juventude Descobre o Amor* | E.M. Duvall |
| 27. | *A Saúde Mental da Criança* | Michael M. Miller |
| 28. | *A Nova Juventude* | William Menninger |
| 29. | *Eros e Tanatos – O Homem Contra Si Próprio* | Karl Menninger |
| 30. | *Amor Contra o Ódio* | Karl Menninger |
| 31. | *A Mente Humana* | Karl Menninger |
| 32. | *Ajuda-te Pela Nova Auto-Hipnose* | Paul Adams |
| 33. | *Saúde Mental na Empresa Moderna* | Harry Levinson |
| 34. | *Ajuda-te Pela Psicologia Aplicada* | R.H. Anderson |
| 35. | *Psicologia da Criança* | Kingston/Garrison/Bernard |
| 36. | *Como a Criança Pensa* | Ruth M. Beard |
| 37. | *Análise Científica da Personalidade* | Raymond Cattell |
| 38. | *Comunicação e Dinâmica de Grupo* | Michael Argyle |
| 39. | *Guia Prático Para Entender Piaget* | M. Brearley e E. Hitchfield |
| 40. | *Como Alterar o Comportamento Humano* | H. R. Beech |
| 41. | *Senso e Contra-Senso na Psicologia* | H.J. Eysenck |

| | | |
|---|---|---|
| 42. | *ABC da Psiquiatria* | William Meninger |
| 43. | *Sexo, Pornografia e Personalidade* | H.J. Eysenck |
| 44. | *Piaget – Teoria e Prática* | P.G. Richmond |
| 45. | *A Arte de Criar Filhos Sem Fazer Força* | Marvin J. Gersh |
| 46. | *Problemas entre Pais e Filhos (Como Resolvê-los)* | William Menninger |
| 47. | *Ajuda-te Pela Auto-Análise* | Laura A. Huxley |
| 48. | *Seu Filho de 0 a 12 Anos* | Helena Savastano e outros |
| 49. | *Os Valores e os Fatos* | A.P. Rodolphi Agatti |
| 50. | *Nosso Mundo Mental* | Isaac Mielnik |
| 51. | *O Comportamento Infantil* | Isaac Mielnik |
| 52. | *Psicologia Aplicada à Educação e Orientação Infantil* | Frances L.Ilg e Louise B. Ames |
| 53. | *Piaget na Prática Escolar* | Hans G. Furth e Harry Wachs |
| 54. | *Os Pais Não São Culpados Pelas Neuroses dos Filhos* | Edmund Bergler |
| 55. | *Novos Horizontes da Psicologia* | P.C. Dodwell |
| 56. | *Ajuda-te Pela Autopsicoterapia* | Martin Shepard |
| 57. | *Conviviologia* | Ilie Gilbert |
| 58. | *Excitação Sexual – Dinâmica da Vida Erótica* | Rober J. Stoller |
| 59. | *O Caminho Para a Libertação Feminina* | Albert Ellis |
| 60. | *A Nova Mulher* | L.Z. Bloom, K. Coburn e Joan Pearlman |
| 61. | *Ajuda-te Pela Auto-Hipnose* | Freda Morris |
| 62. | *Use a Cabeça* | Aaron Lovenstein |
| 63. | *A Cura Pela Liberdade* | W.D. Wills |
| 64. | *Um Novo "EU"* | Muriel James e Louis Savary |
| 65. | *Ajuda-te Pela Análise Transacional* | Mary M. Goulding e Robert L. Goulding |
| 66. | *Os Adolescentes* | Issac Mielnik |
| 67. | *Curso Avançado de Psiquiatria* | Isaac de M. Uchôa |